MAILAND

City Highlights

teNeues

WELT EDITION

Impressum

Herausgegeben von DIE WELT und WELT am SONNTAG
www.welt.de

Einleitung: Annette Rübesamen
Objekt- und Kategorientexte: fusion publishing GmbH
Serviceteil: Marianne Bongartz, MaBo-Media, Köln
Redaktion: Sönke Krüger und Frank Rumpf (WELT am SONNTAG), Sabine Scholz und Sabine Wagner (teNeues Verlag)
Koordination: Hanna Martin und Anne-Kathrin Meier (Gesamtedition), Elke Buscher (Mailand)
Layout: Jasmina Bremer, Anne Dörte Schmidt
Bildbearbeitung und Reinzeichnung: Jan Hausberg, Martin Herterich

Fotografien: Jörg Tietje, außer: Roland Bauer und Martin Nicholas Kunz (S.120–121); Roland Bauer (S. 130–131); Marco Brescia (S. 42 u.); Giampiero Briozzo (S. 136 l. u.); Andreas Burz (S. 5 l. u., 84, 85 l. und r., 90–91, 96–97, 106–107); courtesy of Bisazza (S. 102–103); courtesy of Bulgari (S. 5 r. o., 128–129); courtesy of The Gray (S. 114–117); courtesy of MedioImages (S. 20 l. u.); courtesy of Park Hyatt Milan (S. 118–119); courtesy of Straf (S. 110; 112–113); courtesy of Townhouse 31 (S. 138–139); courtesy of Enterprise Hotels (S. 111 l., 134–135); courtesy of Lolli e Memmoli (S. 108–109); Andrea Matiradonna (S. 60 o.); Ministero per i Beni e le Attività Culturali (S. 36–37); Matteo Piazza (S. 104–105); Paola de Pietri (S. 142, 144–145)
Coverbild: courtesy of MedioImages

Inhalt und Produktion: fusion publishing GmbH, Stuttgart . Los Angeles
www.fusion-publishing.com

teNeues Publishing Group

teNeues Verlag GmbH + Co. KG
Am Selder 37, 47906 Kempen, Germany
Tel.: 0049 / (0)2152 / 916 0
Fax: 0049 / (0)2152 / 916 111
Presseabteilung: arehn@teneues.de

www.teneues.com

Redaktionsschluss der vorliegenden Ausgabe: 01.02.2007

Mit diesem Symbol weisen wir Sie auf ein paar ganz besondere Tipps der Redaktion von DIE WELT und WELT am SONNTAG hin.

Bibliografische Information Der Deutschen Bibliothek
Die Deutsche Bibliothek verzeichnet diese Publikation in der Deutschen Nationalbibliografie; detaillierte bibliografische Daten sind im Internet unter http://dnb.ddb.de abrufbar.

ISBN 978-3-8327-9186-5

Printed in Italy

Rechte Seite:
Duomo Santa Maria Nascente

„Mailand kündet von einer Dichte gelebten Lebens… doch an seinem allgemeinen Habitus haftet noch eine gewisse nordische Zurückhaltung, die es vielleicht eher zur letzten der prosaischen Hauptstädte denn zur ersten der poetischen macht."

Stendhal

Sehenswürdigkeiten

Kultur: Museen, Galerien, Theater, Kinos

Gastronomie: Restaurants, Cafés, Bars, Clubs

Einkaufen

Hotels

Was noch?

Serviceteil

PRADA

Linke Seite: Galleria Vittorio Emanuele II.
Rechte Seite: links Piazza del Duomo, rechts Ausblick von der Terrasse des Duomo Santa Maria Nascente

Kosmopolitisch und frenetisch: Warum Mailand Italiens wahre Metropole ist

Ich finde Mailand schrecklich. Aus Prinzip. Das liegt allerdings daran, dass ich gleich nebenan lebe, in Turin. Und wer in Torino lebt, kann Milano nicht ausstehen; das ist Gesetz. So wie Kölner Düsseldorf nicht mögen, selbst wenn sie noch nie dort gewesen sind. Wir Turiner, die wir in einer aristokratischen Barockstadt wohnen, in der man seinen *caffè* im Sitzen trinkt und Bescheidenheit für eine Zier hält, wir finden Mailand laut, hektisch, angeberisch und noch nicht einmal schön. „Was für eine große und graue Stadt", pflegen wir uns gegenseitig zu bekräftigen, „ein Glück, dass wir da nicht leben!"

Manchmal aber ereilt uns das Schicksal in Form eines wichtigen Geschäftstermins, und wir müssen doch für einen Tag hin. Dann steigen wir am Turiner Bahnhof in den Interregionale und rattern über 153 km in die lombardische Hauptstadt. Die Züge sind meist hoffnungslos mit Pendlern überfüllt, weil Mailand – die Stadt zählt zusammen mit ihrem dicht besiedelten Umland fast fünf Millionen Einwohner – seine Arbeitskräfte aus dem gesamten italienischen Nordwesten ansaugt. Um mit ihnen dann ein Viertel des italienischen Bruttosozialprodukts zu erwirtschaften. Zu dieser Leistung sagen übrigens selbst wir Turiner: *Complimenti!*

Unsere Vorurteile aber bestätigt erst einmal der Hauptbahnhof Milano Centrale, an dem wir nach knapp zweistündiger Fahrt aus dem Zug steigen. Einfach größenwahnsinnig waren diese Milanesi, als sie in den 30er-Jahren einen 207 m breiten und 35 m hohen Koloss errichteten, aus Marmor! Natürlich kann man ein solches burgartiges Bauwerk auch großartig finden, aber das würde kein Turiner jemals zugeben.

Wenn wir dann ins Freie treten, begrüßt uns Mailand auf seine eigene Art: Mit Verkehrsgewühl auf der 6-spurigen Via Pisani, mit Hupen, Lärm und dicker Luft. Menschen hasten vorbei, den „Corriere della Sera" unter den Arm geklemmt, das Handy am Ohr. Wir schlagen den Mantelkragen hoch, atmen einmal tief durch und rennen ebenfalls los.

Mailand ist frenetisch, immer in Eile, nervös – und wer nicht mitmacht, leidet. Italiens zweitgrößte Stadt vibriert vor Aktionismus, und das nicht erst seit ein paar Jahren. Im Kreuzungspunkt wichtiger Verkehrswege gelegen, war die Stadt bereits zu Zeiten der Kelten ein geschäftiger Handelsort und hat sich seither konsequent weiterentwickelt. Heute ist Mailand internationales Finanzzentrum und Sitz der italienischen Börse. Italiens größte Verlage im Verein mit Silvio Berlusconis TV- und Zeitungsimperium haben es zur Medienmetropole gemacht. Hier agieren die meisten Kreativen des Landes – in Werbeagenturen, Designbüros und, natürlich, in der Mode.

In Mailand florieren all jene Wirtschaftszweige, in denen das Ticken der Uhr den Rhythmus vorgibt, in denen Trends zählen und eine langsame Gangart rasch zum Konkurs führt. Die etwas bedächtigeren Branchen, wie Versicherungen und Autozubehör, siedeln bei uns in Turin.

Linke Seite: links Piazza dei Mercanti, rechts Via Manzoni
Rechte Seite: Brera-Viertel

Mittendrin in der Betriebsamkeit steht, unbewegt und mächtig, der gotische Dom mit seinen Tausenden von Türmchen und Statuen. Begonnen im Jahr 1386 und erst im 19. Jahrhundert einigermaßen fertiggestellt, von den Mailändern geliebt wie sonst nur ihre Aperitifstunde, ist er das Gravitationszentrum in einer Stadt, in der Beständigkeit sonst nicht zu den Tugenden zählt.

Und tatsächlich, nur wenige Schritte vom Dom entfernt beginnen die Traditionen schon zu bröckeln. In der Galleria Vittorio Emanuele II., diesem herrlichen und eleganten Boulevard unter Glasgewölbe, dieser Mutter aller Einkaufspassagen, hat sich zwischen Traditionscafés wie „Zucca“ und „Biffi“ doch tatsächlich ein gewisser McDonald's niedergelassen. Mit dem Logo in goldenen Lettern auf schwarzem Glas, wie es Sitte ist in der Galleria, fällt der Neuling zum Glück jedoch nicht weiter auf.

Um den Domplatz herum wogt das Mailänder Leben geschäftig durch Straßenschluchten, die im Zweiten Weltkrieg stark beschädigt wurden und in denen Barockpaläste neben Verwaltungsgebäuden aus dem Faschismus stehen und Wohnblocks aus den Fünfzigern neben Jugendstilfassaden. Über die Kopfsteinpflaster rattern alte und moderne Trams, die neuesten Modelle kommen so windschnittig daher wie Hochgeschwindigkeitszüge. Autos stauen sich überall und parken am liebsten dort, wo sie nicht hingehören: auf Zebrastreifen und Bürgersteigen. Dazwischen schlängeln sich immer wieder todesmutig Radfahrer hindurch, behelmt und wild entschlossen, der Stadt die bessere Lebensqualität zur Not auch gegen ihren Willen aufzudrücken. Jeder hat es eilig, jeder hat zu tun. Das wirkt ansteckend und weckt Energien.

Anders als Florenz, Venedig oder Turin bietet Mailand kein einheitliches Stadtbild, und das mediterrane Idyll, das man in Italien sonst so oft geboten bekommt, entdeckt man hier erst auf den zweiten Blick. In stillen Hinterhöfen, in denen überraschend ein Feigenbaum Schatten spendet und wo an Balkons die nasse Wäsche baumelt. Im Grün der Giardini Pubblici, wenn die Rentner ihre Jacken auf Kleiderbügeln an den Drahtzaun hängen und dann stundenlang Bocciakugeln werfen. Oder in einer früheren Kirche im feinen Viertel Brera, wo die Stadtteilverwaltung an einem ganz normalen Nachmittag zum *ballo liscio* geladen hat und die Senioren bei offener Tür zu alten Schlagern übers Parkett schieben, als wäre die Zeit stehen geblieben.

Was sie in Mailand natürlich nie tut. Mailand ist stets in Bewegung und deshalb ständig in Veränderung begriffen. Nur aus diesem Grund konnte die ebenso quirlige Modebranche, die hier in den 50er-Jahren als Weiterentwicklung der schon lange florierenden Textilbranche Fuß fasste, auf Dauer heimisch werden. Mode in Mailand, das ist nicht nur das berühmte Quadrilatero della Moda, wie das von den Straßen Via Monte Napoleone, Via Spiga, Via Sant'Andrea und Via Manzoni eingefasste Rechteck der Luxusboutiquen genannt wird und das fast schon folkloristischen Charakter besitzt.

Hier drücken sich die Touristen an den Schaufenstern von Prada und Trussardi die Nasen platt, trinken im Armani-Café Cappuccino und erschauern wohlig, wenn sie bei Aprica einen mit silbernen Sternchen bestickten Kinderwagen für 1500 Euro entdecken. Nein, Mode in Mailand, das sind vor allem die 9-tägigen Prêt-à-porter-Schauen im März und im September, wenn 30000 Fashion-Victims aus der ganzen Welt einfliegen und die

Ristorante Nabucco
Ristorante

A VITTORIO EMANUELE II · I MILANESI
ZUCCA

Linke Seite: Piazza del Duomo mit Galleria Vittorio Emanuele II.
Rechte Seite: links Navigli-Viertel, rechts Teatro alla Scala

Stadt kurz vor dem Infarkt steht: Kein freies Taxi, kein freier Restauranttisch, dafür Verkehrschaos und bei der weiblichen Bevölkerung Depressionen angesichts dieser unglaublich langbeinigen Gazellen mit hohen Backenknochen, die plötzlich überall umherstaken.

Die Mode steht Mailand aber auch deshalb, weil die Milanesi den passenden Charakter haben: Sie sind lebhaft und extrovertiert, ein bisschen angeberisch und trauen sich was. Während wir in Turin einen schönen Lodenmantel immer noch für das Nonplusultra eines winterlichen Kleidungsstücks halten, führt die Mailänderin schon mal stolz ein eng geschnittenes, orangerotes Etwas im Blütendessin vor – Hauptsache *firmato*, aus Designerhand. Es steht ihr immer. Die Mailänder, es muss gesagt werden, ziehen sich beneidenswert gut an.

Sie wagen sich in graffittigeschmückte Friseursalons, in denen tätowierte Jungs wasserstoffblonde Zottelfrisuren erfinden, statt wie überall sonst im Lande die Haare nur bieder in Form zu fönen. Und mittags holen sie sich – warum auch nicht? – einen Happen aus dem persischen Take-away. Wobei die eigentliche Sensation darin besteht, dass es den persischen Take-away überhaupt gibt. Die meisten Italiener sind nämlich heitere Traditionalisten, die keine Experimente lieben – schon gar nicht bei Tisch. Mailand beweist, dass Italien auch neugierig und kosmopolitisch sein kann.

Der Take-away ist übrigens in der Via Tortona im Südwesten Mailands zu finden – und damit in dem zurzeit spannendsten Viertel der Stadt. Wo früher Fabrikschlote rauchten, siedeln sich heute in renovierten Lofts Werbeagenturen und Castingstudios an, und wenn im April die Mailänder Möbelmesse über die Bühne geht, präsentieren dort die Jungdesigner vor heruntergekommener Industriearchitektur. Demnächst soll dort Stararchitekt David Chipperfield die Città delle Culture hochziehen, einen Komplex mit verschiedenen Museen und einer Filmhochschule.

Auch andere, aufgelassene Fabrikzonen verändern sich. Renzo Piano hat für die nördliche Peripherie bei Sesto San Giovanni ein ganz neues Stadtviertel entworfen; am Bahnhof Garibaldi entsteht die Città della Moda mit allerlei Hochhäusern und Parks, und wo früher die Messe war – bevor sie in das von Massimiliano Fuksas gestalteten Gelände im Vorort Rhò gezogen ist –, sollen Architekten wie Zaha Hadid und Daniel Libeskind drei spektakuläre Wolkenkratzer bauen.

Mailand ist grau und laut, hektisch und angeberisch, aber vor allem ist es die einzige echte Metropole, die wir haben in Italien. Wenn wir abends wieder in den Zug zurück nach Turin steigen, dann brummt uns der Kopf. Vom schnellen Leben? Vom Aperitif? Von den vielen schönen Geschäften? Schwer zu sagen. Vielleicht auch nur vom Verdacht, der da in uns nagt. Dass Mailand nämlich gar nicht furchtbar ist. Sondern dass wir Turiner einfach bloß neidisch sind.

Annette Rübesamen

Die Autorin lebt seit zwölf Jahren begeistert in Italien und schreibt regelmäßig Reisereportagen für „Geo Saison", „Brigitte" und die „WELT am SONNTAG".

M.A.S
1785

Linke Seite: Via Santa Margherita
Rechte Seite: oben Castello Sforzesco, links unten Brera-Viertel, rechts unten Casa degli Omenoni

Sehenswürdigkeiten

In Mailand führen alle Wege zum *duomo*. Hier trifft man sich, bevor man gemeinsam auf einen *ristretto*, den sehr konzentrierten und starken Espresso, in die Galleria Vittorio Emanuele II., ins Konzert oder auf Einkaufstour geht. Hier endet jedes Jahr der Giro d'Italia unter dem Jubel der *tifosi*, der Sportfans. Hier decken sich Touristen mit Souvenirs ein und die Tauben zanken um Sandwich- und Panettonekrümel. Bilder lassen die unbeschreibliche Pracht des Doms nur erahnen. Davorzustehen, mit dem Blick den Türmchen bis in den Himmel hinauf zu folgen, ist ein Erlebnis, das leicht Schwindel auslöst. Doch Mailand hat noch viel mehr zu bieten: Die Scala, Giorgio Strehlers Piccolo Teatro und die Pinakotheken Ambrosiana und Brera sorgen für den guten Ruf der Stadt auf dem Gebiet der schönen Künste. Für Kunstinteressierte ist auch die Triennale mit ihren Designausstellungen und -sammlungen ein Höhepunkt. Das meistbesuchte Bauwerk Mailands ist aber zweifellos das Stadio Calcistico Giuseppe Meazza, vormals San Siro. Ohne eine Führung durch den Fußballtempel, der von den Erzrivalen Inter und AC Milan gemeinsam geführt wird, ist für die Sportfans unter den Besuchern keine Mailand-Reise perfekt.

Linke Seite: Santa Maria presso San Satiro
Rechte Seite: links Nadel von Claes Oldenburg, rechts Pirelli-Turm

Linke Seite: oben Cimitero Monumentale, unten Navigli-Viertel
Rechte Seite: oben Santa Maria delle Grazie, unten Piazza dei Mercanti

IL LIBRACCIO
LIBRERIA
IL LIBRA
LIBRI E CD NUOV
RITIRO PRENO

Galleria Vittorio Emanuele II.

Galleria Vittorio Emanuele II.
20121 Mailand
Centro Storico

Öffnungszeiten: durchgängig geöffnet
Eintrittspreise: Eintritt frei
Haltestelle: Metro 1, 3 Duomo
Stadtplan: Nr. 18

Am Ende der Risorgimento-Epoche, in der für die Einheit Italiens gekämpft wurde, erlebte Mailand in der 2. Hälfte des 19. Jahrhunderts einen Wirtschaftsboom sondergleichen. Wie in Paris und London feierte man den Fortschritt mit Stahlgerüstbauten. 1865 bis 1867 wurde zwischen der Piazza della Scala und der Piazza del Duomo eine kreuzförmig angelegte, prachtvolle Einkaufspassage errichtet und mit einer 47 m hohen Kuppel aus Stahl und Glas überdacht. Benannt wurde sie nach Vittorio Emanuele II., dem ersten König des geeinten Italiens, der seinen Titel 1861 verliehen bekam. Heute haben sich hier luxuriöse Markengeschäfte und edle Cafés angesiedelt. Die Seitengalerien münden in das Oktagon, den mit der grandiosen Glaskuppel bedeckten, 8-eckigen Platz. Nach oben schauend, können Sie den wundervollen Stuck und die Fresken betrachten. Richten Sie den Blick auf Ihre Füße, so sehen Sie die Wappen von Rom, Florenz, Turin und Mailand.

PRADA
LOUIS VUITTON

Duomo Santa Maria Nascente

Piazza del Duomo
20121 Mailand
Centro Storico

Öffnungszeiten: täglich 7.00 bis 19.00 Uhr
Haltestelle: Metro 1, 3 Duomo
Stadtplan: Nr. 14

Um auf zeitgemäße Weise Gläubige anzuziehen, werden Feiertage im Mailänder Dom zuweilen mit beeindruckenden Events begangen, mit zeitgenössischer Musik und Kunst. Diese fügen sich wunderbar ein in die überwältigenden, vom Licht durchfluteten Hallen der gotischen Kathedrale, deren Bau 1386 begann und sich über knapp 600 Jahre hinzog. Mit einer Länge von rund 158 m bietet das Haus Gottes Platz für 40 000 Menschen und gilt nach St. Peter und dem Dom von Sevilla als eines der größten Europas. Der imposante, 5-schiffige Dom ist mit über 3 000 Statuen ausgeschmückt, seine Fassade wurde unter Napoleon fertig gestellt und stellt eine Mischung barocker und neogotischer Elemente dar. Ganz oben auf der Spitze des Turmes thront seit 1774 eine 4 m hohe Madonnina aus vergoldetem Messing. Die Schutzpatronin Mailands genießt eine spektakuläre Aussicht auf die Alpen – diese können die Besucher mit dem Aufstieg auf die Dachterrasse teilen.

Piazza dei Mercanti

Via Mercanti
20121 Mailand
Centro Storico

Haltestelle: Metro 1, 3 Duomo
Stadtplan: Nr. 38

Im Mittelalter gaben Rechtsgelehrte auf der Piazza dei Mercanti für wenig Geld guten Rat. Weber, Schneider und Tischler suchten hier Kunden, Bauer, Bäcker und Fleischer boten ihre Produkte feil. Die Fassade der Loggia degli Osii aus weißem und schwarzem Marmor, eine Rekonstruktion des 1316 gebauten Palasts, kontrastiert stark mit den Mauern der gegenüberliegenden Paläste – die Bauweise verrät den toskanischen Architekten. Vom Balkon aus wurden früher Urteile verlesen. Mit dem Palazzo della Ragione findet sich auf der Piazza dei Mercanti ein weiterer, erwähnenswerter Palast: Zwischen 1228 und 1233 entstanden, beherbergte er im Mittelalter das Rathaus. Das steinerne Reiterstandbild des ersten Bürgermeisters der Stadt, gleichzeitig Bauherr, ist in schlichtem romanischem Stil gehalten und in einer Nische an der südlichen Außenwand angebracht.

Castello Sforzesco

Piazza Castello
20121 Mailand
Parco Sempione
www.milanocastello.it

Öffnungszeiten: Museen Di–So 9.00 bis 17.30 Uhr, Burg Nov–März 7.00 bis 18.00 Uhr, April-Okt 7.00 bis 19.00 Uhr
Eintrittspreise: Museen 3 €, für Kunststudenten und Senioren 1,50 €, Di–Do, Sa+So 16.30 bis 17.30 und Fr 14.00 bis 17.30 Uhr Eintritt frei
Haltestelle: Metro 1 Cadorna und Cairoli, Metro 2 Cadorna und Lanza Brera Piccolo Teatro
Stadtplan: Nr. 10

Das Kastell wurde ab 1450 von Francesco Sforza an jener Stelle errichtet, an der die Familie Visconti zuvor ihre Burg besaß. Das Gebäude sollte noch öfter seinen Besitzer wechseln, unter Ludovico il Moro erlebte das Kastell kunsthistorisch gesehen seinen Höhepunkt: Er holte Leonardo da Vinci nach Mailand und ließ ihn die Sala delle Asse mit einem Baummotiv ausmalen. Heute beherbergt das Castello Sforzesco eine Pinakothek mit italienischer Malerei des 15. bis 18. Jahrhunderts sowie eine Sammlung antiker und ägyptischer Kunst, außerdem sind dort Sammlungen von Musikinstrumenten sowie des Kunsthandwerks zu sehen. Zu den Glanzstücken der Sammlung gehört die Pietà Rondanini, Michelangelos letztes, unvollendetes Werk von 1564.

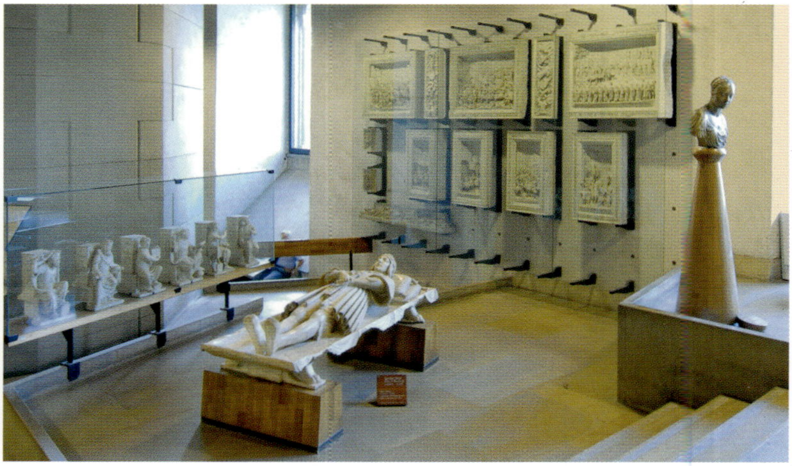

San Simpliciano

Piazza San Simpliciano 7
20121 Mailand
Zona Parco Sempione

Öffnungszeiten: Mo–Sa 7.15 bis 12.00 und 15.00 bis 19.00, So 8.00 bis 12.00 und 16.00 bis 19.00 Uhr
Haltestelle: Metro 2 Lanza Brera Piccolo Teatro
Stadtplan: Nr. 43

WELT-Tipp: Ein klassisches Orgelkonzert macht den Besuch dieser Basilika zum besonderen Ereignis.

Im 4. Jahrhundert taufte Simplicianus den Statthalter Oberitaliens, Ambrosius, damit dieser Bischof werden konnte. Bischof Ambrosius ging als einer der großen abendländischen Kirchenväter in die Geschichte ein, gründete San Simpliciano und baute zudem auch vier Basiliken für Reliquien aus dem Orient. Vollendet wurde der Bau von Simplicianus, der nach Ambrosius das Bischofsamt übernahm und daher als Namensgeber fungierte. Die Grundmauern sind erhalten geblieben, der heutige Bau stammt aus dem 12. Jahrhundert. Das in seiner Einfachheit und durch die strahlenden Farben bestechende Fresko der Krönung Mariens auf der Apsis malte Anfang des 16. Jahrhunderts der Lombarde Bergognone.

San Lorenzo Maggiore

Corso di Porta Ticinese 39
20123 Mailand
Ticinese

Öffnungszeiten: Mo–Sa 7.30 bis 12.30 und 14.30 bis 18.30, So 7.30 bis 18.30 Uhr
Haltestelle: Tram 3 Ticinese/Carrobbio
Stadtplan: Nr. 42

Die Jugend Mailands trifft sich zu jeder Uhrzeit unter den Colonne di San Lorenzo, 16 korinthischen Säulen aus der römischen Kaiserzeit, die aus einem Tempel oder einem Palast hierher versetzt wurden. Dahinter befindet sich die Basilika San Lorenzo Maggiore, eine frühchristliche Kirche aus dem 4. Jahrhundert, welche bei einem Brand im 11. Jahrhundert zerstört wurde. Ihr Grundriss wurde übernommen, als der romanische Nachfolgebau errichtet wurde. Die im 16. Jahrhundert eingestürzte Kuppel wurde durch eine Renaissancekuppel ersetzt. Außergewöhnlich ist das aus römischer Zeit stammende Portal der oktagonalen Sant'Aquilino-Kapelle, wo das Grabmal von San Lorenzo und San Ippolito an ein imperiales Mausoleum erinnert.

Sant'Ambrogio

Piazza Sant'Ambrogio 15
20123 Mailand
Zona Sant'Ambrogio
www.santambrogio-basilica.it

Öffnungszeiten: Mo–Sa 7.15 bis 12.30 und 14.30 bis 19.00, So 7.15 bis 13.00 und 15.00 bis 20.00 Uhr
Haltestelle: Metro 2 S. Ambrogio
Stadtplan: Nr. 44

Im Jahre 374 wurde unter dem Ruf „Ambrosius episcopus!" im Bistum Mailand ein Staatsmann zum Bischof gewählt – und beinahe auch ein Nichtchrist, denn seine Taufe empfing er erst kurz zuvor. Ambrosius vergalt frühere Christenverfolgung mit Judenverfolgung und ließ die Brandstifter einer Synagoge straffrei ausgehen. Ungeteilter Respekt gilt dagegen der Kirche, die der Heilige 386 erbauen ließ. Die Basilika, im Laufe der Jahrhunderte mehrmals erweitert und umgestaltet, gilt als der bedeutendste Sakralbau romanischer Baukunst in der Lombardei. Sie gehört zu den schönsten Kirchen Mailands, mit Mosaiken aus der 2. Hälfte des 1. Jahrtausends und dem Paliotto, der Altarverkleidung aus Gold und vergoldetem Silber (etwa 840). Ein Meisterwerk karolingischer Goldschmiedekunst.

Santa Maria delle Grazie

Piazza Santa Maria delle Grazie 2
20123 Mailand
Zona Cadorna
Telefon: +39 / 02 89 42 11 46
www.cenacolovinciano.it

Öffnungszeiten: Kirche Mo–Sa 7.15 bis 12.00 und 15.00 bis 19.15, So 7.15 bis 12.30 und 15.30 bis 20.30 Uhr; Abendmahl Di–So 8.15 bis 19.00 Uhr
Eintrittspreise: 6,50 €, bis 25 Jahren 4 €, unter 18 und über 65 Jahren Eintritt frei
Haltestelle: Metro 1, 2 Cadorna
Stadtplan: Nr. 45

WELT-Tipp: Reservieren Sie für die Besichtigung des „Letzten Abendmahls“ unbedingt ein paar Tage vorher, die Besucherzahl ist streng limitiert!

Das dominikanische Kloster gehört seit 1980 zum Weltkulturerbe der UNESCO. Chorpartie und Kuppel der zwischen 1463 und 1469 errichteten Kirche wurden 1492 von Donato Bramante entworfen. Während in den Spitzbögen und im Kreuzgewölbe des Längsschiffs noch spätgotische Formen präsent sind, verweist der östliche Teil bereits auf die Frührenaissance. Im Speisesaal brachte Leonardo da Vinci zwischen 1495 und 1498 sein berühmtes „Letztes Abendmahl“ an. Perspektivisch genial umgesetzt, vermittelte es den speisenden Mönchen den Eindruck, ihr eigenes Refektorium sei verlängert. 1943 zerstörten alliierte Bomber die Kirche, das Kloster und einen Teil des Speisesaals – die Wand mit dem Abendmahl blieb glücklicherweise intakt. Das Fresko war von Luftverschmutzung und unsachgemäßen Restaurierungen stark in Mitleidenschaft gezogen. Die letzten Restaurierungsarbeiten konnten 1999 abgeschlossen werden und brachten auch Leonardos ursprüngliche Lichtführung wieder hervor.

Cimitero Monumentale

Piazzale Cimitero Monumentale
20154 Mailand
Zona Porta Garibaldi

Öffnungszeiten: Di–So 8.00 bis 18.00 Uhr
Haltestelle: Tram 14 Bramante/Monumentale
Stadtplan: Nr. 11

Eine massive Friedhofsmauer fasst die in der 2. Hälfte des 19. Jahrhunderts erbaute Anlage ein. Innen gleicht der Friedhof einem Museum: Skulpturen und Obelisken schmücken die Gräber des Mailänder Bürgertums, griechische Tempel und Mausoleen wurden errichtet. Werke berühmter Künstler wie Medardo Rosso und Adolfo Wildt stehen hier. Sie verabschieden im Auftrag von wohlhabenden Familien Angehörige gebührend und skulptural – nur die reichsten Bewohner Mailands konnten es sich leisten, hier ihre Verwandten bestatten zu lassen. Im Famedio, dem Tempel des Ruhms, liegen bekannte Mailänder Bürger begraben, unter ihnen Alessandro Manzoni und Arturo Toscanini. Auf dem Cimitero Monumentale ruhten außerdem 16 Jahre lang die sterblichen Überreste der Maria Maggi, bis sie – unter ihrem wahren Namen Eva Maria Duarte de Perón – nach Argentinien überführt wurden.

GABBA

Kultur

Museen Galerien Theater Kinos

Mailand werde heute fast nur noch als Banken- und Modestadt wahrgenommen, wo es noch vor wenigen Jahrzehnten als das europäische Zentrum der kulturellen Avantgarde gegolten habe: „Die Stadt hat ihre Seele verloren." So urteilte Literaturnobelpreisträger Dario Fo zu Beginn des Jahres 2006, als er sich für das Bürgermeisteramt bewarb. Doch dies ist nur die halbe Wahrheit, für das Gegenteil spricht ebenfalls einiges: Bestes Beispiel ist der mutige Um- und Erweiterungsbau der Scala, mit dem Architekt Mario Botta das altehrwürdige Theater zur modernsten Oper der Welt machte. Der Salone Internationale del Mobile zieht nach wie vor jedes Jahr die Elite der Möbeldesigner und Hunderttausende von Besuchern an, während am Salone Satellite talentierte Nachwuchsdesigner aus aller Welt ihre Werke vorstellen. Und auch als Metropole des internationalen Kunsthandels macht Mailand einen Schritt in die Zukunft: Die neue Milano International Antiques and Modern Art Exhibition im angesagten Viertel Tortona spannt den Bogen zwischen Antiquitäten aus dem 14. Jahrhundert und gefeierten Werken der zeitgenössischen Kunst.

Linke Seite: Museo Nazionale della Scienza e della Tecnologia „Leonardo da Vinci"
Rechte Seite: links Castello Sforzesco, rechts Museo Bagatti Valsecchi

Teatro alla Scala

Via Filodrammatici 2
20121 Mailand
Centro Storico
Telefon: +39 / 028 87 91
www.teatroallascala.org

Eintrittspreise: Gute Plätze ab 50 €
Ticketservice: +39 / 02 72 00 37 44
Haltestelle: Metro 1, 3 Duomo
Stadtplan: Nr. 52

Wie es im Zeitalter des Kerzenscheins so oft Schicksal öffentlicher Häuser war, brannte das alte Theatergebäude 1776 ab. Der 1778 neu eröffnete klassizistische Bau wurde von der reichen Mailänder Bourgeoisie finanziert. Was Rang und Namen hatte, saß in den Logen der neuen Oper. Das Volk stand im Zuschauerraum, der schnell zweckentfremdet werden konnte. Es wurde schon damals modular gedacht, denn die Scala war zur Zeit der *melodramma* auch Kasino. 1943 durch Bomben zerstört, wurde die Scala 1946 wiederaufgebaut. 2001 bis 2004 war Mario Botta damit beauftragt, den Bau auf den neuesten Stand von Bühnentechnik und Akustik zu bringen. Alle Großen der Musikwelt, Sänger, Dirigenten und Komponisten, haben die Geschichte der Scala geprägt. Arturo Toscanini wie Herbert von Karajan, Mario del Monaco wie Renata Tebaldi, Gioachino Rossini wie Gaetano Donizetti. Doch wer „La Scala!" sagt, denkt an zwei Ikonen: an Giuseppe Verdi und Maria Callas.

ANDREA
SALAINO

Museo Bagatti Valsecchi

Via Gesù 5
20121 Mailand
Quadrilatero
Telefon: +39 / 02 76 00 61 32
www.museobagattivalsecchi.org

Öffnungszeiten: Di–So 13.00 bis 17.45 Uhr
Eintrittspreise: 6 €, mittwochs 3 €
Haltestelle: Metro 1 San Babila, Metro 3 Monte Napoleone
Stadtplan: Nr. 31

Fausto und Giuseppe Bagatti Valsecchi füllten Ende des 19. Jahrhunderts die Räume der Familienresidenz mit Kostbarkeiten aus der Renaissance, kauften Antiquitäten auf, ließen beschädigte Stücke sorgsam restaurieren. Das Resultat ist überwältigend. Schlafräume des späten 14. Jahrhunderts, eine fürstliche *sala da pranzo* (Speisesaal) mit Gobelins. Über die Waffengalerie gelangt man von Faustos Gemächern zu jenen Giuseppes. Lassen Sie sich diese Reise in das Privatleben zweier Mailänder Aristokraten nicht entgehen! Das Haus kann für stilvolle Anlässe sogar gemietet werden.

Museo Poldi Pezzoli

Via Alessandro Manzoni 12
20121 Mailand
Quadrilatero
Telefon: +39 / 02 79 63 34
www.museopoldipezzoli.it

Öffnungszeiten: Di–So 10.00 bis 18.00 Uhr
Eintrittspreise: 8 €, unter 18 und über 60 Jahren 5,50 €, Kunststudenten Eintritt frei
Haltestelle: Metro 3 Monte Napoleone
Stadtplan: Nr. 33

Sein Urahn war Söldnerführer auf der Seite der Franzosen, später auch Statthalter von Mailand, sein Großonkel trieb für die österreichische Krone Steuern ein. Welche Reichtümer dies einbrachte, zeigen heute die Residenz und die herrlichen Gärten des Poldi-Pezzoli-Museums. Der Nachfahre, Gian Giacomo Poldi Pezzoli, konnte sich im 19. Jahrhundert ein Leben im Müßiggang leisten. Aus ganz Europa brachte er Kostbarkeiten heim. Seine Gemächer ließ er von Künstlern seiner Zeit dekorieren, in verschiedenen Stilen wie Renaissance oder Barock. Zunächst sammelte Poldi Pezzoli Waffen, später auch Glaswaren, Schmuckstücke, Uhren, Porzellan und vieles mehr. Seine Sammlung umfasst unter anderem Gemälde von Sandro Botticelli, Piero della Francesca und Canaletto. Im Alter von 57 Jahren starb er 1879. Er vermachte sein Erbe einer Stiftung, die bereits zwei Jahre später die Residenz dem Publikum öffnete.

Museo Nazionale della Scienza e della Tecnologia „Leonardo da Vinci“

Via San Vittore 21
20123 Mailand
Zona Sant'Ambrogio
Telefon: +39 / 02 48 55 51
www.museoscienza.org

Öffnungszeiten: Di–Fr 9.30 bis 17.00, Sa+So bis 18.30 Uhr
Eintrittspreise: 8 €, Jugendliche und Studenten 6 €, Senioren Eintritt frei
Haltestelle: Metro 2 S. Ambrogio
Stadtplan: Nr. 32

Das Museo Nazionale della Scienza e della Tecnologia ist dem Ingenieur, Erfinder, Architekten, Designer, Maler und Musiker Leonardo da Vinci gewidmet – einem Kind der Renaissance, der Epoche kulturellen Fortschritts. Das Museum stellt eine Verbindung her zwischen der Vergangenheit dieser geschichtsträchtigen Stadt und der Gegenwart, indem es die technische Entwicklung von der Zeit Leonardos bis ins 20. Jahrhundert aufzeigt. Das Museum zeigt all die Maschinen, die Leonardo – seiner Zeit weit voraus – bereits vor mehr als 500 Jahren „vorausgesehen“ und entworfen hat und die uns heute die Fortbewegung erleichtern: darunter Schiffe, Flugzeuge, Autos, Motorräder. Ausgestellt sind architektonische und technische Modelle, die nach Entwürfen Leonardos angefertigt wurden.

FS
ALn448 2007

Gastronomie
Restaurants Cafés Bars Clubs

Wenn Arturo Toscanini vor 100 Jahren nach getaner Arbeit als Dirigent an der Scala der Hunger packte, bestellte er sich im nahen Boeucc seinen *antipastino del pescatore*. Das Rezept stammte vom Maestro selbst. Das Restaurant zog 1939 in den eleganten Palazzo Belgioioso um, doch Toscaninis Vorspeise aus Miesmuscheln, Krustentieren und Fisch steht bis heute auf der Speisekarte. Ansonsten serviert das Boeucc, das älteste und eines der feinsten Restaurants in Mailand, Deftiges *alla milanese*. Ohne Rücksicht auf Kalorien und Cholesterin bestellen Diven und Helden paniertes Kalbskotelett, *risotto* und *ossobuco*. Ebenso in den anderen Spitzenrestaurants und den zahllosen Trattorien und Osterien: Was auf den Tisch kommt, ist reichhaltig und traditionell. Bei alledem steht natürlich gerade in Mailand die Zeit nicht still. Wo jeder ständig in Eile zu sein scheint, ist Fastfood angesagt. Wer vor allem Augen für Mode hat, schlemmt bei seinem Lieblingsdesigner. Und wer das Sehen dem Gesehenwerden vorzieht, findet in Brera, entlang der Navigli und an der Porta Ticinese jederzeit Essbares aus Italien und der ganzen Welt.

Linke Seite: Osteria del Binari
Rechte Seite: links Kisho, rechts Milano

Paper Moon

Via Bagutta 1
20121 Mailand
Quadrilatero
Telefon: +39 / 02 76 02 22 97

Öffnungszeiten: Mo–Sa 12.30 bis 15.00 und 19.30 bis 00.30 Uhr
Preise: Hauptgericht 20 €
Küche: Italienisch
Haltestelle: Metro 1 San Babila
Stadtplan: Nr. 35

Mitten im Mailänder Nobelviertel zwischen Via Monte Napoleone und Via della Spiga liegt dieses Restaurant der Schönen und Reichen. Wer gesellt sich nicht gerne zu dieser geballten Konzentration an *bellezza ed eleganza* und bewundert das schwarz-weiße Interieur und die Fotos berühmter Besucher? So umtriebig und schick ist dieses Restaurant, dass New Yorker Gäste sich fast schon nach Manhattan versetzt fühlen. Der Paper-Moon-Ableger in New York kann aber nicht auf solch wundervolle Essenszutaten zurückgreifen wie das Original in Mailand, beispielsweise auf himmlisch frische weiße Trüffel. Es geht doch nichts über die italienische Küche. Seit 1997 scheint der „Papiermond" übrigens auch für die Istanbuler High Society.

Latteria Vegetariana

Via dell'Unione 6
20122 Mailand
Centro Storico
Telefon: +39 / 02 87 44 01

Öffnungszeiten: Mo–Sa 12.00 bis 16.00 Uhr
Preise: Hauptgericht 15 €
Küche: Vegetarisch
Haltestelle: Metro 1 Duomo, Metro 3 Missori
Stadtplan: Nr. 25

In einer kleinen Seitenstraße unweit vom Mailänder Dom liegt die Latteria Vegetariana, der vegetarische Milchladen. Da kauft der Mailänder seinen Liter Milch und ein Stück vom feinsten *parmigiano reggiano*. Hier können Sie aber auch nach einer vormittäglichen Besichtigungstour gemütlich an einem der sechs Holztische Platz nehmen und vorzüglich vegetarisch essen. Der schnauzbärtige Besitzer mimt zum Spaß den Grobian und nimmt die Gäste aufs Korn. Kurzweilig gestaltet sich auch die Betrachtung der Fotogalerie, die den Meister in inniger Umarmung mit diversen Schönheiten zeigt. Gut gelaunt und gesättigt kann der Spaziergang wieder aufgenommen werden, nachdem noch ein bisschen Käse oder ein Töpfchen Marmelade eingekauft wurde.

ITALIA

Bar Magenta

Via Carducci 13
20123 Mailand
Zona Cadorna
Telefon: +39 / 028 05 38 08

Öffnungszeiten: Mo–Fr 8.00 bis 2.30, Sa+So 9.00 bis 2.30 Uhr
Preise: Hauptgericht 6,50 €, Getränk 6 €
Küche: International
Haltestelle: Metro 1, 2 Cadorna
Stadtplan: Nr. 5

Ein Traum von Bar mit einer Theke aus den 20er-Jahren des letzten Jahrhunderts, in der die Gäste in stilvollem Ambiente zur Mittagszeit etwas Leichtes zu sich nehmen und sich ein Glas Wein genehmigen können. Doch zur Cocktailzeit ist das Lokal nicht wiederzuerkennen, dann wird es von der Mailänder Jugend erobert. Der *aperitivo* und die Häppchen sind auch hier Tradition und werden bis spät in die Nacht hinein eingenommen. Im Inneren wie an den Tischen auf dem Gehsteig vor den eng geparkten Lambrettas und Vespas der Besucher herrschen Hochbetrieb und beste Stimmung.

My Goodness My GUINNESS
Lovely day for a GUINNESS
My Goodness MY GUINNESS
DEGUSTAZIONE VINI € 5,50
PLAY

Martini-Bar bei Dolce & Gabbana

Corso Venezia 15
20122 Mailand
Quadrilatero
Telefon: +39 / 02 76 01 11 54

Öffnungszeiten: Mo–Sa 9.00 bis 21.30 Uhr
Preise: Cocktail 10 €
Haltestelle: Metro 1 San Babila
Stadtplan: Nr. 28

Modedesigner prägen Mailand wie keine andere Berufsgruppe. Doch längst betreiben sie nicht nur Modeläden, viele haben ihre eigenen Chill-out-Locations eröffnet. So gibt es ein Armani-Café, einen blaugold gekachelten Beauty-Spa bei Gianfranco Ferré und eben auch eine Martini-Bar bei Dolce & Gabbana. Durch das Herrenmodegeschäft führt der Weg über Drachenmosaike in das im Hof gelegene Café. Nicht nur die üblichen Jetsetter, schwarze Ledersofas und Murano-Kronleuchter können Sie dort bewundern. Männliche Besucher können auch ihren Dreitagebart von Dolce & Gabbanas Hausfriseur kürzen lassen. Lässiger Luxus, den es sich zu kosten lohnt.

Just Cavalli Café

Viale Camoens/Ecke Torre Branca
20121 Mailand
Parco Sempione
Telefon: +39 / 02 31 18 17
www.justcavallicafe.com

Öffnungszeiten: Mo–Sa 20.00 bis 2.00 Uhr
Preise: Hauptgericht 20 €, Getränk 10 €
Küche: Italienisch
Haltestelle: Metro 1, 2 Cadorna
Stadtplan: Nr. 23

Der ideale Ort, um die wirklich wichtige Zeit des Tages zu verbringen: *il free time*, die Freizeit. Überbordendes, extrem farbenfrohes, eklektisches Dekor, verspiegelte Wendeltreppen, Sofas mit Leopardenfell, Models am Nebentisch. Im Parco Sempione gelegen und mit Lustgarten versehen, bedient sich das Just Cavalli Café großzügig bei der Formenwelt des Kitsch, ohne sich vor ihm zu fürchten. Ein weiteres Ladencafé befindet sich in der Fashionmeile Via della Spiga. Zur Eröffnung lagen dort Badenixen auf Banketttischen mit aufgetürmtem Essen. Beide Locations geben Einblicke in das Schaffen des Florentiner Meistercouturiers Cavalli, dessen Kreationen bereits in den Sechzigern bei Stars und Sternchen an der Côte d'Azur Kult waren.

CAMEL
YAMAHA
MOTUL

Le Biciclette

Via Gian Battista Torti 1
20123 Mailand
Ticinese
Telefon: +39 / 028 39 41 77
www.lebiciclette.com

Öffnungszeiten: täglich 18.00 bis 2.00 Uhr
Preise: Hauptgericht 16 €, Getränk mit Buffet 6 €
Küche: Italienisch
Haltestelle: Tram Correnti/Resistenza Partigiana
Stadtplan: Nr. 6

Perfekt für einen Sonntagsbrunch geeignet ist Le Biciclette, untergebracht in den umfunktionierten Räumen einer Fahrradreparaturwerkstatt, mit monatlich wechselnder Avantgardekunst an den Wänden. Minimalismus und Hightech, Ibiza-Sound und internationale Küche, New-York-Atmosphäre und vegetarische Gerichte vereinen sich hier. Im Le Biciclette ist für jeden Geschmack etwas dabei, und auch die Spuren des alten Mailand im nahen Navigli-Viertel mit seinen schnuckeligen Kanälen und gesprächsfreudigen Hausfrauen werden Sie bezaubern.

Shu

Via Molino delle Armi/
Ecke Via della Chiusa
20122 Mailand
Ticinese
Telefon: +39 / 02 58 31 57 20
www.shumilano.it

Öffnungszeiten: Di–Sa 12.30 bis 15.00, täglich 18.30 bis 2.00 Uhr
Preise: Hauptgericht 17 €
Küche: Lombardisch
Haltestelle: Tram Italia/Santa Sofia
Stadtplan: Nr. 47

Zwei übergroße goldene Hände stützen die Decke dieser Bar, die auch gleichzeitig Restaurant ist und von der Happy Hour, den *belle donne* und betuchten Menschen lebt. Nach der Arbeit oder nach dem Shopping brauchen müde Beine einen bequemen Stuhl, ausgelaugte Geister einen belebenden Drink. Science-Fiction-Atmosphäre und laute Musik sind vorherrschend, die Wandspiegel lassen das Lokal geräumiger erscheinen, als es ist. Im Restaurant werden großzügige Pastagerichte und Nachspeisen serviert. Am Wochenende ist hier Hochbetrieb.

Kisho

Via Morosini 12
20135 Mailand
Zona Piazza Cinque Giornate
Telefon: +39 / 02 55 01 00 58

Öffnungszeiten: Mo 19.30 bis 23.00, Di–Sa 12.30 bis 14.30 und 19.30 bis 23.00 Uhr, So geschlossen
Preise: Hauptgericht 16 €
Küche: Japanisch
Haltestelle: Tram XXII Marzo/Santa Maria del Suffragio
Stadtplan: Nr. 24

WELT-Tipp: Der beste Japaner in der Stadt. Immer voll – unbedingt reservieren!

Gibt es eine Verbindung zwischen Fußball und japanischem Essen? Hier im Kisho schon, denn neben anderen Prominenten wissen auch italienische Profikicker die erlesene Küche des Nobelrestaurants zu schätzen. Die hohen Preise sind der Qualität der traditionell japanischen, mit internationalen Einflüssen gewürzten Küche angemessen. Vier Chefs, von denen jeder so vielseitig ist wie die Speisekarte des Restaurants, bereiten für Sie fantasievolle Gerichte zu. Die charakteristische Strenge des japanischen Designs, die leicht und minimalistisch anmutenden Formen, die ausgesuchte Eleganz der Materialien spiegeln sich dabei im Interieur genauso wie in der Präsentation der Gerichte wider. Ein Schmaus, auch für die Augen.

Café Atlantique

Viale Umbria 42
20135 Mailand
Zona Lodi T.I.B.B.
Telefon: +39 / 025 40 69 61
www.cafeatlantique.com

Öffnungszeiten: Do–Sa 21.00 bis 4.00, So 19.30 bis 4.00 Uhr
Preise: Menü ab 40 €
Küche: Italienisch
Haltestelle: Metro 3 Lodi T.I.B.B.
Stadtplan: Nr. 9

Mailand ist die Stadt des Interior Designs. Viele Bars und Clubs warten deshalb mit einer besonderen Ausstattung auf, so dass sich der eigentliche Reiz der Metropole häufig innen entfaltet – während draußen an den rußgeschwärzten Fassaden jeder Hinweis auf das prächtige Innere fehlt. Bestes Beispiel hierfür ist das Café Atlantique, eine coole Mischung aus Diskothek und Restaurant, ein Kontrast aus Minimalismus und Bombast. Blickfang ist ein riesiger Glasfaser-Kronleuchter von Philippe Starck, der über der Bar in der Raummitte thront. Nicht nur VIPs aus Film und Fernsehen schätzen das raffiniert gestaltete Ambiente, auch Otto Normalmailänder zieht es hierher, und zwar so viele, dass sie nicht selten vom Türsteher abgewiesen werden. Ob „sala bizantina" oder „blu", Musik läuft für jeden Geschmack. Nicht zu Unrecht mehrmals als bester Mailänder Club ausgezeichnet.

Osteria del Binari

Via Tortona 1
20144 Mailand
Zona Porta Genova
Telefon: +39 / 02 89 40 94 28

Öffnungszeiten: Mo–Sa 19.30 bis 23.00 Uhr
Preise: Hauptgericht 20 €
Küche: Italienisch
Haltestelle: Metro 2 Porta Genova
Stadtplan: Nr. 34

Namensgeber für die Osteria del Binari waren die unweit gelegenen alten Bahnhofsgleise der Stazione di Porta Genova. Das Lokal im Jugendstil und seine mit einer Pergola überdachte Terrasse sind eine von hohen Hecken geschützte Welt für sich: Draußen das energiegeladene Nachtleben im Navigli-Viertel, röhrender Verkehr, gut gelaunte Großstädter in schicken Klamotten. Drinnen im Angebot: traditionelle, lombardisch-deftige Küche, vom berühmten *risotto* bis zur *cotoletta alla milanese*, dazu frisches Gemüse und vorzügliche Süßspeisen. *Cucina alla buona* also, nicht unbedingt für Gourmets, jedoch kommt der Strom an italienischen Gästen trotz deren hoher Ansprüche nie zum Erliegen.

Joia

Via Panfilo Castaldi 18
20124 Mailand
Zona Porta Venezia
Telefon: +39 / 02 29 52 21 24
www.joia.it

Öffnungszeiten: Mo–Fr 12.30 bis 14.30, täglich 19.45 bis 23.00 Uhr
Preise: Hauptgericht 23 €
Küche: Italienisch
Haltestelle: Metro 1 Porta Venezia
Stadtplan: Nr. 22

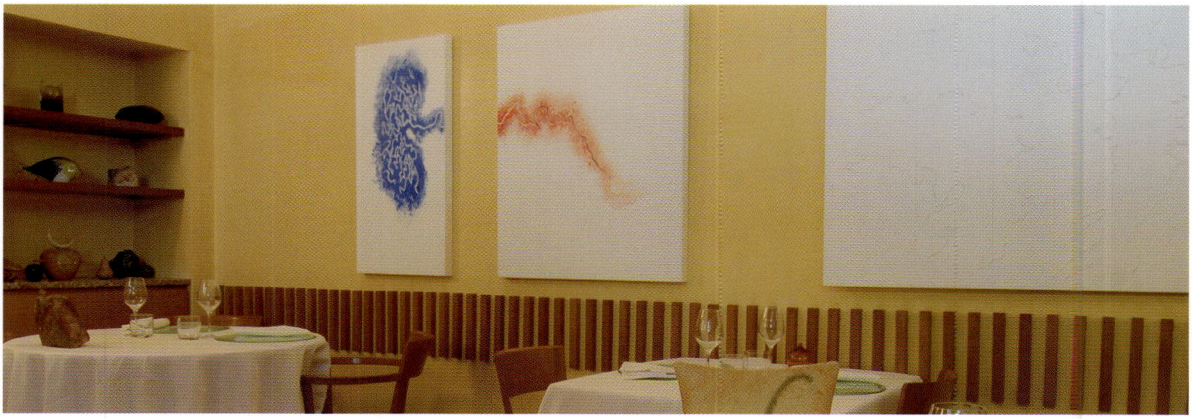

Ein Muss für Liebhaber der vegetarischen Küche ist das Ristorante Joia. Der für seine Vielseitigkeit bekannte Chef Pietro Leeman verbrachte seine Lehrjahre im Orient. Bei ihm ist jede Zutat frisch und aus biologischem Anbau, schonend zubereitet. Statt auf deftige, stark gewürzte und saucenreiche Speisen setzt Leeman, der sein Restaurant 1989 eröffnete, auf die Trennung von Ingredienzen und Geschmacksrichtungen. Was am Ende auf dem Teller liegt, ist quasi schon ein Kunstwerk, es regt alle Sinne an. „Meine Haltung dem Leben gegenüber", so Leeman, „soll sich in der Zubereitung der Speisen niederschlagen." Ein Leben, eine Küche: Einen feinen Bogen hat der Mann hier gespannt. Schauen Sie sich's an.

Light

Via Pietro Maroncelli 8
20155 Mailand
Zona Porta Garibaldi
Telefon: +39 / 02 62 69 06 31

Öffnungszeiten: Di–Sa 19.00 bis 2.00 Uhr
Preise: Hauptgericht 20 €
Haltestelle: Metro 2 Porta Garibaldi F.S.
Stadtplan: Nr. 26

Das Light bietet pulsierendes Nachtleben der exklusiven Sorte. In einer alten Holzfabrik wurde ein Loft in drei Räume aufgeteilt: Disco-Bar, Lounge und Restaurant. Alte Mauern, minimalistisches Dekor, sanfte Beleuchtung, verhaltene Eleganz. Hier lancieren Mailands Unternehmer gerne ihre Werbeauftritte. Die Speisekarte ist so elegant wie die harmonischen Kontraste des Lights: *Foie gras* aus Frankreich, Kürbis-Tortelli aus Mantua, Dinkelsuppe aus Vietnam oder Wolfsbarsch-Tatar an griechischer Sauce. Kein Wort zum Nachtisch, da verschlägt es dem Gast die Sprache. Die süßen Überraschungen sind alle hausgemacht.

Milano

Via Procaccini 37
20154 Mailand
Zona Cimitero Monumentale
Telefon: +39 / 02 36 53 60 60
www.mastmilano.it

Öffnungszeiten: Di–Sa 18.00 bis 2.00 Uhr
Preise: Buffet inkl. Getränk 8 €
Haltestelle: Tram Bramante/Monumentale
Stadtplan: Nr. 29

L'aperitivo alla milanese – eine Mailänder Institution seit den Neunzigern. Nach der Arbeit genehmigt man sich ein Gläschen, großzügiges Buffet inklusive. Nur der Erfinder des Konzepts, Vinicio Valdo, seines Zeichens Kneipenbesitzer und Snob, rümpft inzwischen die Nase: 300 Cocktails habe er erfunden, das Publikum hingegen bestelle immer nur die üblichen Drinks und übe sich in Fressgelagen. Ein richtiger *aperitivo* sei das nicht. In seinem jüngsten Laden, den er zu Ehren seiner Heimatstadt „Milano" getauft hat, kämpft er gegen den Verfall der Barkultur. Er offeriert Service und Qualität vom Feinsten, doch damit ja nicht zu viel gegessen wird, gibt es nur Fingerfood an der Bar. Teller exklusive.

Sayonara

Via Ippolito Nievo 1
20145 Mailand
Fiera
Telefon: +39 / 02 43 66 35
www.sayonara-pianobar.it

Öffnungszeiten: täglich 16.00 bis 3.00 Uhr
Preise: Drink 15 €
Haltestelle: Tram Monti/Comerio
Stadtplan: Nr. 46

Im Jahr 1968 entstand diese in Mailand einzigartige Pianobar. Zusammen mit einem Architekten schuf Inhaber Pino Venditti eine englisch angehauchte, kolonialistische Atmosphäre voller Raffinesse, mit Perserteppichen, exotischen Pflanzen, antiquarischen Objekten und mundgeblasenem Glas. Der Whiskey wird mit schottischem Quellwasser gereicht. Auch der schottische Lachs, die *foie gras* und der Kavier sind reinste Gaumenkitzel. Im Sommer können die Gäste auf der geräumigen Veranda den eigens am Tisch gemixten Cocktail schlürfen und das sich gedämpft unterhaltende, stilvolle Publikum beobachten. Bei so viel Perfektion sind die Preise und die offen zelebrierte hochgestochene Bürgerlichkeit, die immerhin den Reichtum dieser Stadt ausmacht, akzeptabel.

Einkaufen

Manche Leute reisen eigens nach Mailand, um 20 Minuten vor dem „Abendmahl" zu stehen. Doch die Meisterwerke, die wahrhaft phänomenale Besucherströme anlocken, stammen nicht von Leonardo, sondern von Giorgio und Valentino. Die Kreationen der Stardesigner machen Mailand für Modefreaks und Stilgurus zum Paradies. Die Anschriften im Quadrilatero della moda zwischen Via Monte Napoleone, Via Manzoni, Via della Spiga und Via Sant'Andrea lesen sich wie das Inhaltsverzeichnis der „Vogue": Armani, Gucci, Prada, Valentino, Versace ... Wer sich hier nicht über die Schwelle wagt, macht es wie die Mailänder: Diese holen sich die exklusiven Marken in einem Outlet der Umgebung und kleiden sich ansonsten in der Gegend um die Porta Ticinese, an der Via Torino oder am Corso Buenos Aires ein. Etwas nördlich vom goldenen Modeviereck gibt es die erlesensten Möbel und Einrichtungsgegenstände für die neue Traumwohnung: einen Stuhl von Cassina, einen Schrank von Poliform, ein Sofa von Da Driade. Ist die Marke nicht so wichtig und soll das Design jung, frech und innovativ sein, ist es empfehlenswert, in die schillernde Welt der Via Tortona einzutauchen.

Linke Seite: Da Driade
Rechte Seite: links 10 Corso Como, rechts I Pinco Pallino

Peck

Via Spadari 9
20123 Mailand
Centro Storico
Telefon: +39 / 028 02 31 61
www.peck.it

Öffnungszeiten: Mo 15.00 bis 19.30, Di–Sa 8.45 bis 19.30 Uhr
Produkte: Wurst, Käse, Wein, Obst, Kaffee, Schokolade, Pasta, Saucen
Haltestelle: Metro 1, 3 Duomo
Stadtplan: Nr. 37

WELT-Tipp: Ein perfektes und leckeres Mitbringsel sind die hausgemachten Nudeln, von Fusilloni bis Tortiglioni.

Die Italiener verfügen über eine sehr moderne Infrastruktur. Online Essen einkaufen? In Mailand geht das vielerorts, zum Beispiel über die Webseite des Gastronomiekönigs Peck. Innerhalb eines Jahrhunderts hat sich der Tante-Emma-Laden zu einer Institution der Gaumenfreuden gemausert, die natürlich auch persönlich vor Ort besichtigt werden kann. Herrlich präsentierte Köstlichkeiten, eine riesige Auswahl an Käsesorten, Weinen, Teig- und Wurstwaren, Essig und Öl, Obst und Gemüse im Erdgeschoss; im Obergeschoss gibt es Kaffee, Tee, Pralinen und kandierte Früchte. An der Kasse schließlich wird alles fein in Pergamentpapier verpackt und mit einer bordeauxroten Schleife versehen. Ein wahres Geschenk, dieser Laden, wenn auch mit stolzen Preisen.

Da Driade

Via Manzoni 30
20121 Mailand
Quadrilatero
Telefon: +39 / 02 76 02 30 98
www.driade.com

Öffnungszeiten: Mo 15.00 bis 19.00, Di–Sa 10.00 bis 19.00 Uhr
Produkte: Möbel, Lampen, Accessoires
Haltestelle: Metro 3 Monte Napoleone
Stadtplan: Nr. 13

Sagt Ihnen „Kissi Kissi" etwas? Es ist das Bartischchen aus Polyethylen von Miki Astori. Es steht, neben tausend anderen stilvollen Objekten, bei Da Driade im Palazzo Gallarati Scotti. Der Showroom des Designunternehmens hat alles, was man zum Wohnen braucht, vom Sofa über Küchensysteme bis zur Kerze. Eine einheitliche Linie im Stil gibt es nicht. Die Familie Astori, die das Unternehmen 1968 gründete und inzwischen mit vielen internationalen Designern zusammenarbeitet, sieht sich als „Versuchslabor der Ästhetik". Neben Antonia Astoris nüchternem Regalsystem „Oikos" haben Philippe Starcks Stromlinienformen genauso Platz wie „Mr. Mause", der Flaschenbürsten-Kleiderbügel.

Acqua di Parma

Via Gesù 3
20121 Mailand
Quadrilatero
Telefon: +39 / 02 76 02 33 07
www.acquadiparma.com

Öffnungszeiten: Mo 15.00 bis 19.00, Di–Sa 10.00 bis 19.00 Uhr
Produkte: Parfüm, Kosmetik, Frotteewaren, Accessoires
Haltestelle: Metro 3 Monte Napoleone
Stadtplan: Nr. 2

Fruchtig, mit einem Hauch Zitrone: Die mediterrane Welt in einem Duft zusammenfassend, eroberte das Parfum „Acqua di Parma" in den 30er-Jahren nicht nur die Herzen und Nasen amerikanischer oder europäischer Stars. Elegante Herren betupften damit ihre seidenen Taschentücher, und Audrey Hepburn trug es auch. In den Sechzigern geriet Acqua di Parma leider in Vergessenheit, doch dann gelang drei findigen Geschäftsleuten mit Sinn für Tradition ein überragendes Comeback: Der altehrwürdige Duft wurde neu lanciert und die erste Boutique in der prestigeträchtigen Mailänder Via Gesù eröffnet. Inzwischen produziert Acqua di Parma auch andere Düfte und Accessoires, die unter dem Label vertrieben werden.

Borsalino

Via Senato 2
20121 Mailand
Quadrilatero
Telefon: +39 / 02 76 01 70 72
www.borsalino.com

Öffnungszeiten: Mo 15.00 bis 19.00, Di–Sa 10.00 bis 14.00 und 15.00 bis 19.00 Uhr
Produkte: Hüte, Kleidung, Accessoires
Haltestelle: Metro 1 Palestro
Stadtplan: Nr. 7

Wer denkt, in der Modestadt Mailand könne man sich nur im schicken Outfit auf die Straße trauen, hat Unrecht; dazu ist die Stadt zu sehr Metropole und ihre Bevölkerung zu heterogen. Borsalino in der Galleria Vittorio Emanuele II. jedoch erfordert schon ein gewisses Maß an Eleganz im Auftreten – allein schon aus Respekt für den wohlklingenden Namen der Marke. Das berühmteste Hutlabel der Welt, 1857 gegründet, hat sich in den vergangenen 30 Jahren zu einer Ladenkette entwickelt. In Mailand gibt es drei Läden mit einer großzügigen Auswahl an wohlgeformten Kopfbedeckungen. Hier versteht man, wo die Mailänder Herren der Schöpfung ihren Alain-Delon-Look her haben. Hüte machen eben Männer.

Borsalino
Borsalino

Culti

Corso Venezia 53
20121 Mailand
Vercelli
Telefon: +39 / 02 78 06 37
www.culti.it

Öffnungszeiten: Mo 14.00 bis 19.00, Di–Sa 10.00 bis 13.00 und 14.00 bis 19.00 Uhr
Produkte: Blumen, Parfüm, Lebensmittel, Möbel, Wohnaccessoires
Haltestelle: Metro 1 Palestro
Stadtplan: Nr. 12

Was ist Luxus? Nach dem Erfolg der Day-Spas zu urteilen, die in Mailand wie Pilze aus dem Boden sprießen, nicht mehr als ein wenig Zeit zum Entspannen und Sich-pflegenlassen. Am liebsten in kultiviert gestylter Umgebung, wie im Culti. Hier gibt es indes mehr als bloß Dampfbad und Massage. Das Culti versteht sich als Konzept: Vom Empfang im exotischen Wintergarten über den Laden mit seinen feinen Tees, ausgesuchten Pralinen, aparten Blumen und schmucken Einrichtungsgegenständen bis in die Welt von türkischem Bad und Schwebeliegen gibt es hier so ziemlich alles, was die Sinne erfreut und Körper und Geist erfrischt. Dazu gehört auch die hauseigene Pflegelinie mit Cremes und Wässerchen für jeden Körperteil.

I Pinco Pallino

Via della Spiga 42
20121 Mailand
Quadrilatero
Telefon: +39 / 02 78 19 31
www.ipincopallino.it

Öffnungszeiten: Mo 15.00 bis 19.00, Di–Sa 10.00 bis 19.00 Uhr
Produkte: Kinderkleidung
Haltestelle: Metro 1 San Babila, Metro 3 Monte Napoleone
Stadtplan: Nr. 41

Auch Menschen unter 14 Jahren wollen exquisit eingekleidet sein. An der besten Adresse für Mailänder Modemacher, der Via della Spiga, findet man Mode für kleine Kunden. Die weltweit erfolgreichen Labels I Pinco Pallino und 1950, von Imelde Bronzieri und Stefano Cavalleri gegründet, überzeugen durch unternehmerischen Elan und soziales Engagement. Kein Kind wird hier in Lolitakleidchen oder Matrosenanzüge gezwängt. Vielmehr entspricht diese Mode kindlichen Bedürfnissen, ist spielerisch und zuweilen auch ein wenig elegant. Vom Taftkleidchen bis zum Jogginganzug hat das edle Geschäft mit pastellfarbenem Interieur Kleidung, Schuhe, Taschen und Accessoires für jeden Gebrauch im Angebot. Allerdings in der Deluxe-Version.

Il Salumaio

Via Monte Napoleone 12
20121 Mailand
Quadrilatero
Telefon: +39 / 02 76 00 11 23
www.ilsalumaiodimontenapoleone.it

Öffnungszeiten: täglich 8.30 bis 13.00 und 15.00 bis 19.30 Uhr
Produkte: Pasta, Salami, Käse, Gebäck
Haltestelle: Metro 1 San Babila
Stadtplan: Nr. 40

Zwischen zwei Shoppingausflügen in das Quadrilatero d'Oro kann man seine Tüten und Taschen in einem alten, begrünten Hinterhof der Via Monte Napoleone abstellen, um von den hier ausgestellten Delikatessen zu naschen. Ein leichtes und qualitativ hochwertiges Mittagessen wird serviert, während die Laufkundschaft im Laden Schlange steht. Frische Spezialitäten in eleganten Schachteln werden am laufenden Meter verkauft. Wer zögernd vor den schmackhaften Auslagen steht, darf ein Häppchen probieren. Die Leckereien wie *linguine al pesto*, *tortellini* oder *tiramisù* schmecken so gut, dass Sie garantiert keine Lust verspüren werden, auf ihre Linie zu achten.

Spazio Bisazza

Via Senato 2
20121 Mailand
Quadrilatero
Telefon: +39 / 02 76 00 03 15
www.bisazza.com

Öffnungszeiten: Di–Sa 10.00 bis 13.30 und 14.30 bis 19.00 Uhr
Produkte: Glasmosaiken
Haltestelle: Metro 1 San Babila
Stadtplan: Nr. 49

Was haben Cher, Claudia Schiffer und Wolfgang Joop gemeinsam? Richtig, einen Swimmingpool oder ein Badezimmer von Bisazza. Auch Gianfranco Ferré und Donald Trump kaufen ihre Mosaiksteinchen dort. Im Mailänder Showroom des Mosaikherstellers gibt es die verrücktesten, edelsten, witzigsten und teuersten Mosaike für Wand, Boden und Einrichtungsgegenstände, wenn's erwünscht ist auch mit 24-karätiger Goldfolie. Gobelinrosen, per Computerprogramm tausendfach vergrößert, nach alten Geheimrezepten gebrannt und an die Wand geklebt. Im letzten Jahr hat Bisazza die „Home Collection" lanciert – vollkommen in Mosaik gekleidete Möbel und Accessoires zur Verschönerung des Eigenheims. Wer seine Mosaiken allerdings lieber am Körper trägt, kann sich aus der Schmuckkollektion das Passende auswählen.

Princi Bakery

Piazza 25 Aprile 5
20121 Mailand
Zona Porta Garibaldi
Telefon: +39 / 02 29 06 08 32

Öffnungszeiten: täglich 24 Stunden geöffnet
Produkte: Brot, Kuchen, Pizza
Haltestelle: Metro 2 Moscova
Stadtplan: Nr. 39

Wenn die Bäcker Armani-Kittel tragen, die Brötchen im Schaufenster gebacken werden und die Backstube vom Stararchitekten Claudio Silvestrin entworfen wurde, dann können wir nur bei Rocco Princi sein. *In nome del pane* – im Namen des Brotes – hat sich Princi ins Stammbuch geschrieben. Im Namen des Umsatzes hat der schlaue Bäckermeister in den Zeitgeist investiert: steingemahlenes Biomehl für Brot und Pizza, Kuchen und Plätzchen. All das im minimalen Design bei 24-Stunden-Service. Tags müssen weder die Richter aus dem nahen Justizpalast noch die Frühaufsteher auf ofenfrisches Gebäck verzichten; um drei Uhr morgens kehren die Müllmänner und Nachtschwärmer zu einem belebenden Espresso ein. Princi – der Armani unter den Bäckern.

10 Corso Como

Corso Como 10
20154 Mailand
Zona Porta Garibaldi
Telefon: +39 / 02 29 00 26 74
www.10corsocomo.com

Öffnungszeiten: Mo 15.30 bis 19.30, Di, Fr–So 10.30 bis 19.30, Mi+Do 10.30 bis 21.00 Uhr
Produkte: Bücher, Parfüm, Kleidung, Schuhe, Geschenkartikel
Haltestelle: Metro 2 Porta Garibaldi F.S.
Stadtplan: Nr. 1

Carla Sozzanis 10 Corso Como ist ein Konzeptladen, notabene einer der erfolgreichsten überhaupt. Die Mailänder Kultadresse umfasst eine Kunstgalerie, Modeboutique und Buchhandlung, einen Musikstore, ein Café-Restaurant sowie ein Hotel mit drei Zimmern. Das Konzept besteht im persönlichen Geschmack der Besitzerin. Sozzani verkauft in ihrem 2-stöckigen Lifestyle-Reich nur „Musts" zum Anziehen, Anschauen, Riechen und Verspeisen, Dinge, die ihr selbst gefallen und die sie bekannt machen will. 10 Corso Como ist so zu einer zuverlässigen Instanz in Sachen Geschmack geworden.

TOM FORD
RUDI GERNREICH

Lolli e Memmoli

Via Vivarini 7
20141 Mailand
Tibaldi
Telefon: +39 / 02 89 50 23 42
www.lollimemmoli.it

Öffnungszeiten: Mo–Fr 10.00 bis 13.00 und 14.00 bis 19.00 Uhr
Produkte: Lampen
Haltestelle: Metro 2 Famagosta
Stadtplan: 27

Das Rad kann man nicht neu erfinden, den Kronleuchter dagegen schon. Das beweisen seit 10 Jahren Ivan Lolli und Mario Memmoli mit ihren funkelnden Kreationen aus Kristall. Alles begann, als die beiden Architekten für die Wohnung eines Kunden einfach keinen modernen Kronleuchter finden konnten und deshalb selbst einen bastelten – aus demontierten Kristalltropfen vom Flohmarkt! Heute sind die Leuchten von Lolli und Memmoli nicht mehr aus dem modernen Design wegzudenken. Von Tokio bis nach Moskau, von Glasgow bis nach Marrakesch hängen sie in Hotels, Geschäften, Diskotheken und Kreuzfahrtschiffen. Zur Auswahl stehen mehr als 50 Farben und viele Formen, neben klassischen, wunderschönen Kronleuchtern gibt es Objekte, die mal an Eiszapfen, mal an Ufos erinnern.

Hotels

Der Palast aus dem 15. Jahrhundert, die Verdi-Suite im Grand Hotel, die Designerunterkunft mit dem unverwechselbaren Namenszug, das ehemalige Kloster, der zweckdienliche Glasturm, die rustikal umgebaute Locanda ... Mailands Hotellandschaft ist alles andere als eintönig. Traditionelle Eleganz, ganz in Gold und Bordeaux, steht gutnachbarlich neben richtungsweisend minimalistischen Konzepten. Das Himmelbett im diskret aufgemotzten Palazzo ist so bequem wie die coole Designerliege in der durchgestylten Luxusbleibe. Stil oder Style? Kostbare Fresken an der Wand oder doch lieber schicker Sichtbeton? Wenn nicht gerade eine wichtige Messe oder Fashion-Show stattfindet und in der ganzen Stadt kein Bett mehr frei ist, fällt die Wahl schwer. Dabei sind zwei gemeinsame Nenner auszumachen: In Mailand ist immer alles etwas teurer als anderswo, so auch die Liegestatt. Und: Der Gast ist König, auch in der Familienpension.

Linke Seite: Straf
Rechte Seite: links Enterprise, rechts Starhotels Anderson

Straf

Via San Raffaele 3
20121 Mailand
Centro Storico
Telefon: +39 / 02 80 50 81
Fax: +39 / 02 89 09 52 94
www.straf.it

Preise: DZ ab 297 € inkl. Frühstück, EZ ab 275 €
Haltestelle: Metro 1, 3 Duomo
Stadtplan: Nr. 51

Überraschend in mancher Hinsicht: Außen eine klassische, verwitterte Fassade, innen unverputzte Betonwände, sichtbare Verkabelungen und Querbalken, minimalistisches Mobiliar, luxuriöse Badezimmer. Trotz des gewagten Designs mit verkratzten Spiegeln und blank geputztem Messing strahlt das Hotel Straf eine unbestreitbare Eleganz aus, in der auch sein Charme liegt. Zimmer mit Sicht auf den Dom, der nachts in ein spektakuläres Lichtermeer getaucht wird. In einer Stadt, wo man im Luxushotel für ein Frühstück oft das bezahlt, was eine sympathische Osteria für ein deftiges Mahl kassiert, ist es eine wahre Freude, das reich garnierte Morgenbuffet des Strafs ohne Aufpreis zu genießen, *gentilmente offerto dall'hotel!*

The Gray

Via San Raffaele 6
20121 Mailand
Centro Storico
Telefon: +39 / 027 20 89 51
Fax: +39 / 02 86 65 26
www.hotelthegray.com

Preise: DZ ab 500 €, EZ ab 340 €
Ausstattung: 1 Zimmer mit eigenem Fitnessbereich, 2 2-stöckige Apartments
Haltestelle: Metro 1, 3 Duomo
Stadtplan: Nr. 20

Dem ersten Eindruck nach ist The Gray mit seiner pinkfarbenen Schaukel in der Lobby eher Designboutique als Hotel. Zwischen dem Dom und der Scala gelegen, zieht es vor allem trendhungrige Touristen an. Farben und Formen vereinen sich zu einem modernen Ambiente, als Kontrast geben im Restaurant Schwarz und sanftes Beige den Ton an. Im Zimmer mit Mezzanin kann der Whirlpool mit Plasmabildschirm ganz privat benutzt werden. Nur ein wenig eng ist es überall, besonders in der Bar, wo das Design einen fast die appetitanregenden Häppchen vergessen lässt …

Park Hyatt Milan

Via Tommaso Grossi 1
20121 Mailand
Centro Storico
Telefon: +39 / 02 88 21 12 34
Fax: +39 / 02 88 21 12 35
www.milan.park.hyatt.com

Preise: DZ ab 510 €, EZ ab 460 €
Haltestelle: Metro 1, 3 Duomo
Stadtplan: Nr. 36

Nur ein paar Schritte – und schon ist man in der grandiosen Galleria Vittorio Emanuele II., auf dem Domplatz oder vor der Scala. Zentraler könnte die Lage des Park Hyatts kaum sein, luxuriöser das Angebot ebenfalls nicht. Im Inneren des klassischen Gebäudes aus dem Jahr 1870 herrschen Travertin, Marmor und Walnussholz vor. Die Raumeinteilung ist großzügig. Wer wie Versace, Calvin Klein oder Armani Partys veranstalten will, findet großzügige Räume mit hohen Decken vor. Doch das Beste ist, wie immer, in den höheren Etagen zu finden. Im 6. Stockwerk können Sie die Terrace Suite mieten, 65 m² reiner Luxus mit einer großen Terrasse. Bei Sonnenuntergang einen Martini-Cocktail genießen und den Blick über Mailands Dächer schweifen lassen ...

Hotel de la Ville

Via Ulrico Hoepli 6
20121 Mailand
Centro Storico
Telefon: +39 / 028 79 13 11
Fax: +39 / 02 86 66 09
www.delavillemilano.com

Preise: DZ ab 355 €, EZ ab 320 €
Ausstattung: Wellnessbereich, Swimmingpool mit Domblick
Haltestelle: Metro 1, 3 Duomo
Stadtplan: Nr. 21

Die Lage ist entscheidend bei der Wahl eines Hotels – denn wer will schon den ganzen Tag Einkaufstaschen herumtragen? Für Konsumwütige ist das Hotel de la Ville deshalb perfekt, liegt es doch nicht weit von Galleria und Via Monte Napoleone entfernt. Da kann man bequem mehrmals pro Tag aufs Zimmer gehen, um teuer bezahlte Kleinigkeiten in Sicherheit zu bringen oder eine Pause zu machen. Der Charme der alten Welt im Belle-Époque-Dekor und die Annehmlichkeiten modernen Lebens verbinden sich in dem Haus perfekt. Das Hotel hält für seine Gäste außerdem eine Überraschung bereit, die vor allem in den heißen Sommermonaten geschätzt wird: Ein Swimmingpool auf der grün bepflanzten Dachterrasse sorgt dann für Abkühlung.

Spadari al Duomo

Via Spadari 11
20123 Mailand
Centro Storico
Telefon: +39 / 02 72 00 23 71
Fax: +39 / 02 86 11 84
www.spadarihotel.com

Preise: DZ ab 238 €, EZ ab 178 €
Haltestelle: Metro 1, 3 Duomo
Stadtplan: Nr. 48

Das Bed & Breakfast-Hotel liegt in der Stadtmitte, in der Nähe der trubeligen Fußgängerzone um die Via Dante. Die reich ausgestattete Gemäldegalerie Pinacoteca Ambrosiana gleich nebenan lädt zu einem ausgedehnten Rundgang ein. Von den höheren Stockwerken aus fällt der Blick auf den Dom und seine prächtige, gotische Fassade. Modernes Dekor, extravagante Blumenarrangements und eine eigene Kunstsammlung: Damit können sich nicht viele Unterkünfte brüsten. Das exzellente Frühstück können Sie sich sogar ans Bett bringen lassen. Fazit: sehr gute Lage, helle, luftige und funktionale Räume, aber keine Italien-Romantik – doch dafür ist Mailand ohnehin nicht berühmt.

Alle Meraviglie

Via San Tomaso 8
20121 Mailand
Centro Storico
Telefon: +39 / 028 05 10 23
Fax: +39 / 028 05 40 90
www.allemeraviglie.it

Preise: DZ ab 145 €
Haltestelle: Metro 1 Cordusio, Metro 3 Duomo
Stadtplan: Nr. 3

„Meraviglie" bedeutet Wunderland, und so fühlt man sich auch, wenn man dieses mit zehn Zimmern bestückte Kleinod betritt. Das liebevoll eingerichtete Hotel liegt in einem Palazzo aus dem 18. Jahrhundert. Teure Taftstoffe in angenehmen Farben umrahmen die Fenster, die Gäste können sich auf barocken Stühlen niederlassen und surrealistische Installationen an den Wänden bewundern. Marmorbäder, samtig anmutende Teppiche und Parkettboden gehören ebenfalls dazu. Im Service inbegriffen: frische Blumen, Internetzugang, internationales Radioprogramm, jedoch kein Fernsehen. Wenn da kein Wunderlandgefühl aufkommt! Der geeignete Spirit und genügend Geld in der Tasche sollten allerdings nicht fehlen.

Bulgari

Via Privata Fratelli Gabba 7 b
20121 Mailand
Brera
Telefon: +39 / 028 05 80 51
Fax: +39 / 028 05 80 52 22
www.bulgarihotels.com

Preise: DZ ab 620 €, EZ ab 550 €
Ausstattung: Garten, Wellnessbereich, Swimmingpool
Haltestelle: Metro 3 Monte Napoleone
Stadtplan: Nr. 8

WELT-Tipp: Nicht nur gut zum Wohnen, auch schön zum Essen gehen. Reservieren Sie bei gutem Wetter im Garten!

Mit Bulgari stoßen nun auch die Hersteller von Luxusuhren und Schmuck mit teuren Stoffen, minimalistischem Interieur und vor allem Wohlbefinden von A bis Z ins Hotelbusiness vor. Bulgaris Marktauftritt ist luxuriöse Gastfreundschaft. Ein Garten in der Innenstadt, unweit von den Boutiquen, abgeschieden genug, um als Oase der Ruhe zu gelten. Zeitgenössisches Design in Schwarz-, Grau- und Brauntönen. Ein Personal, das dem Gast jeden Wunsch von den Lippen abliest. Und vor allem ein Wellnesszentrum, wo 100 Kerzen New-Age-Ambiente vermitteln. Ein Hotel, das keinen Wunsch offen lässt.

Four Seasons Hotel Milan

Via Gesù 6–8
20121 Mailand
Quadrilatero
Telefon: +39 / 027 70 88
Fax: +39 / 02 77 08 50 00
www.fourseasons.com/milan

Preise: DZ ab 750 €, EZ ab 650 €
Ausstattung: Fitnesscenter, Masseur
Haltestelle: Metro 1 San Babila
Stadtplan: Nr. 17

Treue Gäste der kanadischen Hotelkette werden auch in Mailand nicht enttäuscht. Das Hotel befindet sich in einem ehemaligen Kloster aus dem 15. Jahrhundert. Verhaltene Eleganz, da und dort ein restauriertes Fragment alter Fresken, ein Kreuzgang, der an andere Zeiten erinnert. Hier findet man das alte Mailand, die Metropole der Lombardei, die von der Industrie und den Banken lebte. Das Mailand der neuen Trends, der verrückten Ideen und stürmischen Jugend hat hier noch nicht Einzug gehalten. Sehr zur Freude der traditionellen Klientel. Ein Zugeständnis an das neuzeitliche Gesundheitsbewusstsein gibt es allerdings: das Fitnesszentrum im Untergeschoss. Der Masseur kommt zum Gast in die Suite.

UNA Hotel Tocq

Via Alessio de Toqueville 7 d
20154 Mailand
Zona Porta Garibaldi
Telefon: +39 / 026 20 71
Fax: +39 / 026 57 07 80
www.unahotels.it

Preise: DZ ab 204 € inkl. Frühstück, EZ ab 173 €
Ausstattung: Restaurant mit Terrasse, Konferenzräume
Haltestelle: Metro 2 Porta Garibaldi
Stadtplan: Nr. 55

Das Haus hat erfolgreich den Sprung zum Designhotel geschafft. Von außen gleicht es mit seinen Betonpfeilern eher einer Trutzburg als einer heimeligen Unterkunft, von innen ist es superschick. Der italienische Architekt Aldo Cibic würzt utilitaristisch-minimalistisches Design mit einer Spur luxuriöser Dekadenz: kein Beton, sondern Travertin, zarte sonnige Farben statt strengem Weiß. Der kleine Lift ist aus poliertem Stahl, mit grünem Mattglas ausgestattet und in bläuliches Licht getaucht. Nicht weit entfernt liegt der Corso Como mit seinen feinen Designerläden und den edlen Hinterhofcafés.

Enterprise

Corso Sempione 91
20154 Mailand
Fiera
Telefon: +39 / 02 31 81 81
Fax: +39 / 02 31 81 88 11
www.enterprisehotel.com

Preise: DZ ab 133 € inkl. Frühstück, EZ ab 123 €
Ausstattung: Garten
Haltestelle: Tram Corso Sempione/Filiberto
Stadtplan: Nr. 15

Der Name besagt es: Das Hotel Enterprise ist sozusagen eine Dépendance des Messezentrums Fiera Milano City. Hier werden Geschäfte abgewickelt, Kongresse abgehalten, Modenschauen organisiert. Die ehemalige Textildruckerei ist zum Boutiquehotel saniert worden, das auch Apartments vermietet. Wer nach einem anstrengenden Arbeitstag warme Farben dem kühlen Schwarz-Weiß vorzieht und einen Hauch von Orient schätzt, ist hier richtig. Das Hotel befindet sich weitab vom Touristenstrom. Zum Einkaufen fährt man mit der Straßenbahn.

Townhouse 12

Piazza Gerusalemme 12
20154 Mailand
Zona Corso Sempione
Telefon: +39 / 02 89 07 85 11
Fax +39 / 02 89 07 85 17
www.townhouse.it

Preise: DZ ab 239 € inkl. Frühstück, EZ ab 186 €
Haltestelle: Tram Cenisio/Borgese und Procaccini/Lomazzo
Stadtplan: Nr. 53

Mit einer effektvollen Inneneinrichtung wartet das Townhouse 12 auf. Sensationell und absolut spleenig die dazugehörige, vollständig aus Eis bestehende „Absolut Ice Bar". Der Besucher bekommt Pelzpelerine, Handschuhe und Stiefel ausgehändigt, um bei –5 °C Wodka oder Fruchtsäfte zu trinken. Alle sechs Monate wird original skandinavisches, blau schillerndes Eis angeliefert. Genauso spektakulär ist der ebenfalls nordisch-minimalistisch, aber in warmen Materialien gestaltete Rest des Hotels. Hier können sich die Gäste von nächtlichen Ausschweifungen im nahe gelegenen Messeviertel erholen und einen ebenso charmanten wie professionellen Service genießen.

Townhouse 31

Via Goldoni 31
20129 Mailand
Zona Piazzale Dateo
Telefon: +39 / 027 01 56
Fax: +39 / 02 71 31 67
www.townhouse.it

Preise: DZ ab 239 € inkl. Frühstück, EZ ab 186 €
Haltestelle: U-Bahn Piazzale Dateo
Stadtplan: Nr. 54

Krimskrams aus Afrika, Statuetten aus Asien, chinesische Torbögen, komfortable Geselligkeit und Ethno-Schick statt kühles Design: Der vom Townhouse 31 gepflegte Stil scheint in Mailand besonderen Anklang zu finden. Das Hotel liegt in einem ruhigen Stadtteil, unweit der Modehäuser Prada, Etro und Calvin Klein. Hinter der unscheinbaren Fassade eines gutbürgerlichen Hauses kommt plötzlich das Gefühl auf, die Privatresidenz eines Zen-Meisters zu betreten. Harmonie, Stille, Beschaulichkeit. Morgens sitzen die Gäste gemeinsam am großen Frühstückstisch. Abends lädt die Weinbar unter dem Zelt im tropisch anmutenden Innenhof mit den niedrigen Tischchen und komfortablen Kissen zum Verweilen ein.

Starhotels Anderson

Piazza Luigi di Savoia 20
20124 Mailand
Zona Stazione Centrale
Telefon: +39 / 026 69 01 41
Fax: +39 / 026 69 03 31
www.starhotels.com

Preise: DZ ab 140 € inkl. Frühstück
Ausstattung: Fitnessbereich, Wi-Fi
Haltestelle: Metro 2, 3 Centrale F.S.
Stadtplan: Nr. 50

Wer auf dem Platz vor der monumentalen Stazione Centrale steht und geradeaus die als Prachtstraße angelegte, aber etwas gesichtslos anmutende Via Vittor Pisani hinunterblickt, schaut auf einige Hochhäuser, darunter das Starhotels Anderson. Die Zimmerausstattung ist edel, mit poliertem Parkett, Plasmafernseher und roten Läufern. Mit seinem rund um die Uhr geöffneten Fitnessstudio und dem superschnellen, drahtlosen Internetzugang ist das Hotel auch auf die Bedürfnisse von Geschäftsreisenden ausgerichtet. Wer ein bisschen bummeln will, sollte den nahe gelegenen, energiegeladenen Corso Buenos Aires aufsuchen.

Was noch?

Eine malerische, liebliche Stadt ist Mailand nicht. Mailand lockt mit seiner Dynamik, seinen Widersprüchen, dem Spagat zwischen damals und heute, zwischen Geld und Kunst, tosendem Verkehr und gemütlichen Spaziergängen. Zu Fuß lässt sich das meiste entdecken – mit etwas Glück auch das, was hinter Türen und Toren verborgen liegt. Viele Mailänder Innenhöfe sind so unerwartet lebendig und charmant, dass für Neugierige inzwischen bereits Tage der offenen Tür angeboten werden. Und sogar zu Ferrari geht's zu Fuß. Die Marke hat ihren Tempel ganz in der Nähe des Doms aufgebaut. Ein Ort zum Staunen – über die Anziehungskraft der Farbe Rot. Orange ist aber auch eine gute Wahl, die Farbe der gemächlich dahinratternden *ventottos*. Die nach dem Baujahr 1928 benannten Straßenbahnen sind mehr als ein Verkehrsmittel, sie sind auf Hochglanz polierte Museumsstücke. Die Linie 2 fährt zum Naviglio Grande, an dessen Ufern am letzten Sonntag jedes Monats der Mercatone dell'Antiquariato stattfindet. Sehenswert an dem 2 km langen Gedränge sind die Porzellanfigürchen, Möbel, Radios und Comics aus vergangener Zeit – und die sehr in der Gegenwart verankerten Szenetypen.

Linke Seite: ESPA at Gianfranco Ferré
Rechte Seite: links Moresko, rechts Giardini Pubblici

ESPA at Gianfranco Ferré

Via Sant'Andrea 15
20121 Mailand
Quadrilatero
Telefon: +39 / 02 76 01 75 26
www.gianfrancoferre.com

Öffnungszeiten: Di–Fr 10.00 bis 22.00, Sa 10.00 bis 21.00, So 11.00 bis 20.00 Uhr, Mo geschlossen (telefonische Bestellungen möglich)
Preise: 30 Minuten Massage ab 45 €
Haltestelle: Metro 1 San Babila
Stadtplan: Nr. 16

Im Epizentrum der Modeindustrie wartet das Gesundheits- und Schönheitszentrum ESPA at Gianfranco Ferré mit Luxusbehandlungen für Luxuskörper auf. Eine Suite und ein VIP-Raum stehen zur Verfügung, weiterhin ein Vitality-Pool, Anwendungen mit Serail-Schlamm oder im Eisbecken. Ob Entschlacken, Ausbalancieren, Entspannen, Entkrampfen oder die Gewinnung neuer Energien – ein persönlicher Therapeut stellt für Sie das richtige Programm zusammen. Dabei ist schon die bloße Anwesenheit im ESPA eine Wohltat. Dunkle, kräftige Farben beruhigen, creme-weißes Leder lädt zum Ausruhen ein – dies alles kombiniert mit goldenen Mosaiken. *Le charme discret* von ESPA und Gianfranco Ferré.

Aquarium

Viale Gadio 2
20121 Mailand
Parco Sempione
Telefon: +39 / 02 88 46 57 50
www.acquariocivico.mi.it

Öffnungszeiten: Di–So 9.00 bis 13.00 und 14.00 bis 17.30 Uhr
Eintrittspreise: Eintritt frei
Haltestelle: Metro 2 Lanza Brera Piccolo Teatro
Stadtplan: Nr. 4

Dass sich hinter der hübschen Fassade der Jugendstilvilla im Sempione-Park eine Welt der Meerestiefen, der Flüsse und der Seen auftut, würde wohl niemand vermuten. Der Garten ist so bezaubernd wie das Haus, mit Weiher, Quelle und Sumpf. Im 1906 gebauten Museum können in 36 Aquarien rund 100 Spezies beobachtet werden, Süß- und Meerwasserfische, Muscheln, Amphibien sowie tropische Schönheiten. Ein Schiffswrack im Aquarium, die Nachbildung des Po-Deltas oder der Lagune von Venedig: eine reine Freude für Kinder und Eltern. Eines der Becken kehrt sozusagen die Verhältnisse um: Es erlaubt dem Fisch, von der Decke herab auf den Besucher zu blicken.

Giardini Pubblici

Zona Porta Venezia

Haltestelle: Metro 1 Palestro und Porta Venezia
Stadtplan: Nr. 19

Eine der wenigen grünen Inseln der Stadt verdanken die Mailänder Großherzog Ferdinand, Sohn des österreichischen Kaisers Franz. Dieser ehelichte 1770 die einzige Tochter des Herzogs von Modena, und da in der Lombardei für die Hochzeit kein Gebäude als standesgemäß empfunden wurde, sollten ein Stadthaus sowie ein Garten im englischen Stil angelegt werden. Seit dieser Zeit sind die *giardini* erweitert worden. Die 1. große Landesausstellung Italiens fand hier statt, außerdem gibt es ein Planetarium. Eine echte Wohltat erfährt der Besucher, wenn er in den Giardini Pubblici für kurze Zeit dem hektischen Betrieb der nahe gelegenen Innenstadt entfliehen will.

Moresko

Via Rubens 19
20148 Mailand
Zona de Angeli
Telefon: +39 / 024 04 69 36
www.moresko.it

Öffnungszeiten: Mo, Mi+Do 12.00 bis 23.00, Fr bis 24.00, Sa+So 10.00 bis 22.00 Uhr
Eintrittspreise: Mo–Fr 30 €, Sa+So 40 €
Haltestelle: Metro 1 De Angeli
Stadtplan: Nr. 30

WELT-Tipp: Genießen Sie zum Abschluss einen Pfefferminztee im Patio oder im mit Teppichen auslegten Entspannungsraum – auf dem west-östlichen Divan sozusagen.

Das Moresko ist Istanbul in Mailand. Frauen gehen ins Haremlik, Männer ins Salemlik. Düfte aus Tausendundeiner Nacht – Jasmin, Myrrhe, Zimt – heißen den Besucher willkommen. Wohlbefinden für beide Geschlechter gibt es im türkischen Bad, bei der Massage auf dem heißen, 8-eckigen Nabelstein (bei Kerzenlicht!) oder in der Sauna. Des Weiteren werden Peeling, Sprudelbad und Henna für Haut und Haar angeboten sowie Maniküre und Pediküre, traditionell mit Lehm, Rosenknospen und essentiellen Ölen oder auf westliche Art. Mitnehmen müssen Sie nichts, das Moresko hält Tücher, Bademäntel und Badeschlappen für Sie bereit.

ANKUNFT IN MAILAND

Per Flugzeug

In einem Umkreis von 50 km um Mailand liegen drei Flughäfen, die von Deutschland aus angeflogen werden.

Aeroporto Milano Linate (LIN)
Tel. +39 / 02 74 85 22 00
www.sea-aeroportimilano.it
Ca. 10 km östlich des Stadtzentrums. Vorwiegend inneritalienische Flüge, aber auch Linienflüge ab Frankfurt. Mit Starfly-Bussen alle 30 Min. zum Mailänder Hauptbahnhof (*stazione centrale*), Fahrzeit 20 Min. Mit dem ATM-Bus Nr. 73 alle 10 Min. zur Piazza San Babila im historischen Zentrum Mailands, Fahrzeit 20 Min. Während Handelsmessen mit Bussen von Air Pullmann stündlich direkt zum Messegelände. Taxifahrt ins Stadtzentrum ca. 20 Min., ca. 15 €.

Aeroporto Malpensa (MXP)
Tel. +39 / 02 74 85 22 00
www.sea-aeroportimilano.it
Ca. 50 km nordwestlich von Mailand. Nationale und internationale Verbindungen.
Mit Malpensa-Bus-Express oder Malpensa-Shuttle (http://malpensashuttle.it) alle 20 Min. zum Mailänder Hauptbahnhof, Fahrzeit 50 Min. Mit dem Malpensa-Express-Zug ab Terminal 1 alle 30 Min. zum Bahnhof Cadorna im historischen Zentrum Mailands, Fahrzeit 40 Min. Taxifahrt ins Stadtzentrum ca. 45 Min., ca. 70 €.

Aeroporto Orio al Serio (BGY)
Tel. +39 / 035 32 63 23
www.orioaeroporto.it
Der Flughafen von Bergamo, ca. 45 km nordöstlich von Mailand, wird vorwiegend von Billigfluglinien angeflogen.
Busverbindung zum Mailänder Hauptbahnhof alle 30 Min. mit Autostradale (www.autostradale.it) sowie alle 30–60 Min. mit Orio Shuttle (www.orioshuttle.com), Fahrzeit ca. 60 Min. Mit dem Shuttlebus zum Bahnhof Bergamo und von dort mit dem Zug nach Mailand. Taxifahrt ins Stadtzentrum ca. 45 Min., ca. 70 €.

Per Bahn

Zugreisende aus Deutschland kommen an der **Stazione Centrale** an. Der Mailänder Hauptbahnhof ist Knotenpunkt für ganz Oberitalien. Er liegt nordöstlich der historischen Altstadt, ca. 2 km vom Dom entfernt. Anschluss an die Metro-Linien 2 (grün) und 3 (gelb).

Bahninformation
Deutsche Bahn, Tel. 118 61, www.bahn.de
Trenitalia, Tel. +39 / 89 20 21 (0,54 €/Min.), www.trenitalia.it

Einreise- und Zollbestimmungen
Deutsche benötigen zur Einreise nach Italien einen gültigen Personalausweis. Für EU-Bürger bestehen praktisch keine Zollbegrenzungen. Pro Person ab 17 Jahren sind Waren für den privaten Bedarf zollfrei, u. a. 800 Zigaretten, 400 Zigarillos, 200 Zigarren, 1 kg Tabak, 10 l Spirituosen, 90 l Wein und 110 l Bier.

INFORMATION

Touristeninformation

ENIT – Italienische Zentrale für Tourismus
www.enit.de
Kaiserstr. 65, 60329 **Frankfurt am Main**, Tel. 069 / 23 74 34, Fax 069 / 23 28 94, enit.ffm@t-online.de
Lenbachplatz 2, 80333 **München**, Tel. 089 / 53 13 17, Fax 089 / 53 31 63, enit-muenchen@t-online.de
Friedrichstr. 187, 10117 **Berlin**, Tel. 030 / 247 83 98, Fax 030 / 247 83 99, enit-berlin@t-online.de

IAT – Informazione e Accoglienza Turistica della Provincia di Milano
Via Marconi 1 (neben dem Dom)
Tel. +39 / 02 72 52 43 01

Fax +39 / 02 72 52 43 50
info@milanoinfotourist.com
www.milanoinfotourist.com

Stadtmagazine

Im Fremdenverkehrsamt erhält man die Broschüren **Milano Mese** (Ital., Engl.) mit Informationen über das Kulturangebot und Tipps für die Freizeitgestaltung. In Lokalen liegt das Heft **Zerodue** mit Szene-Infos aus. Die Tageszeitung „Corriere della Sera" veröffentlicht am Mittwoch die Beilage **Vivimilano** mit aktuellen Terminen, donnerstags erscheint die Beilage **Tuttomilano** der Tageszeitung „La Repubblica".

Websites

Allgemein
www.milanoinfotourist.com – Webauftritt der Mailänder Touristeninformation (Ital., Engl.)
www.comune.milano.it – Offizielle Website der Stadtverwaltung mit Veranstaltungskalender (Ital.)
http://welmilano.itcons.com – Onlineinformationen der Stadt Mailand speziell für Touristen (auch auf Dt.)
www.milano24ore.de – Online-Reiseführer (Ital., Dt., Engl.)
www.provincia.milano.it – Offizielle Website der Provinz Mailand (Ital., Engl.)

Ausgehen
www.corriere.it/vivimilano – Restaurantführer, Sport- und Kulturveranstaltungen, Tipps für die Freizeitgestaltung und den Einkaufsbummel (Ital.)

Kunst & Kultur
www.cultura.regione.lombardia.it – Kulturveranstaltungen, Museen, Theater, Bibliotheken in der Lombardei (Ital.)
www.museidelcentro.milano.it – Die wichtigen mailändischen Museen (Ital.)
www.museionline.it – Museen, Ausstellungen und Ausgrabungen in ganz Italien (Ital.)
www.piccoloteatro.org – Spielplan des Piccolo-Theaters mit ausführlichen Kritiken (Ital., Engl.)
www.teatroallascala.org – Spielplan der Scala mit Buchungsservice (Ital., Engl.)

Sport & Freizeit
www.fantasyworld.it – Freizeitpark, ca. 25 km nordöstlich von Mailand (Ital., Engl.)
www.milanosport.it – Informationen zu Sportstätten, Bädern und Veranstaltungen (Ital.)
www.monzanet.it – Website der Formel-1-Rennstrecke in Monza (Ital., Engl.)
www.parcodellapreistoria.it – Botanischer Park mit Tiergehegen und Dino-Modellen, ca. 25 km östlich von Mailand (Ital.)
www.sansiro.net – Website des San-Siro-Stadions mit Terminplan der Fußballspiele von Inter und AC Milan (Ital.)

Stadtplan
http://maps.google.de – Interaktiver Stadtplan (Dt.)

Unterkunft
www.bbitalia.it – Vermittlung von Gästezimmern und Pensionen in Italien (u. a. Dt.)
www.hotelbooking.com – Unterkünfte in ganz Italien mit Buchungssystem (Ital., Engl.)
www.initalia.it – Hotels in ganz Italien mit ausführlichen Kommentaren (u. a. Dt., Kommentare Ital., Engl.)

Veranstaltungskalender
Über Veranstaltungen informieren online die Tageszeitung „Corriere della Sera", der Web-Reiseführer „milano24ore" und die Homepage des Fremdenverkehrsamtes (s. o.).
www.fieramilano.com – Messe- und Kongresskalender (Ital., Engl.)

Nützliche Tipps & Adressen

LITERATURTIPPS

Gianni Biondillo
Der Pate von Mailand. Sein bislang schwierigster Fall führt Inspektor Ferraro in die Mailänder Unterwelt, wo er alsbald ins Kreuzfeuer der italienischen und russischen Mafia gerät.

Jacob Burckhardt
Der Cicerone. Anleitung zum Genuss der Kunstwerke Italiens. Einzigartiger Führer durch die gewaltige Fülle der Werke alter und neuer Kunst in Gesamtitalien, erstellt in der zweiten Hälfte des 19. Jh. durch den renommierten deutschen Historiker.

Michael Ennis
Die Herzogin von Mailand. Der historische Roman um die schönen und mächtigen Frauen Beatrice d'Este und Isabella von Aragon spielt während der Renaissance am prunkvollen Mailänder Hof.

Johann Wolfgang von Goethe
Italienische Reise. Während seiner Italienreise von November 1786 bis April 1788 besuchte Goethe auch Mailand.

Alessandro Manzoni
Die Brautleute (oder *Die Verlobten*). Mailand im 17. Jh. während der Amtszeit des Kardinals Federico Borromeo. Eine unglückliche Verkettung von Intrigen, Schicksalsschlägen und Gewalt verhindert die Vermählung von Lucia und Renzo.

Giorgio Scerbanenco
Das Mädchen aus Mailand. Die Geschichten um den Privatdetektiv Duca Lamberti zählen inzwischen zu den Klassikern der Kriminalliteratur. Lambertis Ermittlungen zeigen das Leben der kleinen Leute im Mailand der 60er-Jahre.

STADTBESICHTIGUNG

Stadtrundfahrten

Tram
Einen guten Überblick kann man sich bei einer Fahrt mit der Straßenbahn verschaffen. **Die Linien 9, 29** und **30** umrunden das Zentrum entlang der ehemaligen Stadtmauer (*bastioni*) und passieren dabei einige Sehenswürdigkeiten. Die **Linien 1** und **2** fahren quer durchs Zentrum.

Sightseeing-Busse
Autostradale lädt zu der dreistündigen Rundfahrt mit Stadtspaziergang **Look Mi** ein, die eine Führung durch Mailänder Dom, Galleria Vittorio Emanuele II., Scala, Castello Sforzesco und die Besichtigung des „Abendmahls" von Leonardo da Vinci beinhaltet (Audioführung u. a. in Dt.). Di–So 9.30 Uhr ab Touristeninformation in der Via Marconi, 50 €/Pers. inkl. Eintrittsgelder. April–Juli, Sept., Okt. Di, Fr, Sa und So zusätzlich um 15 Uhr verkürzte Rundfahrt, 40 €/Pers. Tickets im Fremdenverkehrsamt oder online unter www.autostradale.it.
Eine Busfahrt, kombiniert mit einem einstündigen Stadtspaziergang und der Besichtigung des Abendmahls, bietet ebenfalls **Zani Viaggi**. Di–So 14.30 Uhr ab Foro Bonaparte (Führung in Ital. und Engl., Di + Sa auch in Dt.), 46 €/Pers. inkl. Eintrittsgelder. Busfahrt und Spaziergang ohne Besichtigung des Abendmahls 32 €/Pers. Infos und Tickets unter www.zaniviaggi.it.

Schiffstouren

Navigli Lombardi
Tel. +39 / 02 67 02 02 88
www.navigamilano.it
Einstündige Bootsfahrten auf dem Naviglio Grande und Naviglio Pavese, Anlegestelle an der Strada Alzaia Naviglio Grande 66, 15 €/Pers.

Stadtführungen

Centro Guide Turistiche
Tel. + 39 / 02 86 45 04 33
www.centroguidemilano.net
Jeden Mo 10 Uhr ab Fremdenverkehrsamt Spaziergänge durch die Stadt sowie Sonderführungen zu Ausstellungen auf Italienisch, auf Wunsch auch individuelle Führungen.

Aussichtspunkte

Duomo
Von der Dachterrasse blickt man zwischen Skulpturen über die Stadt bis zu den Alpen, Fußaufstieg 3,50 €/Pers., Lift 5 €/Pers.

Torre Branca
Knapp über 100 m hoher Turm im Parco Sempione mit lohnender Aussicht über die Stadt. Aufzug für ca. 6–7 Personen, Verweildauer jeweils ca. 5 Min., 3 €/Pers.

TICKETS

Ticketbüros

Box Office Italia
Tel. +39 / 028 69 06 83
www.ticket.it
Ticketschalter: RicordiMediaStores, Galleria Vittorio Emanuele II.
Karten für Theater, Konzerte und Ausstellungen.

Italian Ticket Office
Tel. +43 / 15 13 11 11
http://online-tickets.it
Telefonische oder Online-Bestellung von Eintrittskarten für Theater, Konzerte und Ausstellungen.

UNTERWEGS IN MAILAND

Öffentlicher Personennahverkehr

ATM (Azienda Trasporti Milanesi)
Tel. +39 / 800 80 81 81
www.atm-mi.it
Drei U-Bahnlinien (rot, grün, gelb), Regionalzüge, Trambahnen, Elektrobusse und Busse sichern zwischen ca. 6 und 24 Uhr den Öffentlichen Personennahverkehr. Fahrscheine (*biglietti*) erhält man in Bars, Kiosken, Tabakläden (*tabacchi*) und in den Stationen der U-Bahn (*metropolitana*). Fahrscheine müssen vor Fahrantritt entwertet werden. In Straßenbahnen und Bussen sind sie 75 Min. gültig, in der U-Bahn berechtigen sie zu einer Fahrt. Ein Einzelfahrschein kostet 1 €, das 10er-Ticket 9,20 €. Unbegrenztes Fahren ermöglichen 24-Stunden-Ticket zu 3 € und 48-Stunden-Ticket zu 5,50 €.
Auf der Homepage der ATM steht ein Download des Netzplans von U-Bahn und Regionalzug zur Verfügung. Außerdem können Fahrplanauskünfte interaktiv eingeholt werden.

Radiobus

Tel. +39 / 02 48 03 48 03
Der Radiobus, eine Art Sammeltaxi, verkehrt zwischen 20 und 2 Uhr im Stadtgebiet auf nicht festgelegten Strecken. Die Bestellung erfolgt unter Tel. +39 / 02 48 03 48 03 von 13 bis 2 Uhr, einfache Fahrt 3 €.

Taxi

Tel. +39 / 02 69 69
Tel. +39 / 02 85 85
Der Grundpreis beträgt 3,10 €. Zuschläge werden für Nacht- und Sonntagsfahrten, für die Mitnahme größerer Gepäckstücke sowie für Fahrten zum Flughafen erhoben. Nur in lizenzierte Taxis einsteigen! Sie sind weiß und mit Taxameter ausgestattet.

VERANSTALTUNGEN

Corteo dei Re Magi
6. Jan., Dreikönigsumzug mit Kamelen vom Dom zur Kirche Sant'Eustorgio.

Carnevale
Febr./März, Karnevalsveranstaltungen finden im gesamten Monat Februar statt. Höhepunkt sind die Tage nach Aschermittwoch, der sogenannte Carnevale Ambrosiano endet am folgenden Wochenende mit einem großen Umzug auf dem Domplatz.

MODIT – Milanovendemoda
Ende Febr./Anfang März, Präsentation der Herbst- und Winterkollektion der Modebranche in der Messe (www.milanovendemoda.it).

Milano-Sanremo
März, Start des Radklassikers in Mailand.

Festival del Cinema Africano, Asia e America Latina
Mitte März, Filmfestival mit Produktionen aus Afrika, Asien und Lateinamerika (www.festivalcinemaafricano.org).

Salone Internazionale del Mobile
April, international renommierte Möbelmesse, auf der die neuesten Trends im Bereich der Innenarchitektur und des Wohndesigns vorstellt werden.

Stramilano
Anfang April, internationaler Stadtmarathon (www.stramilano.it).

Fiori sul Naviglio Grande
Mitte April, Blumenmarkt mit etwa 200 Ständen am Kanalufer (www.navigliogrande.mi.it).

Arte sul Naviglio Grande
Mitte Mai, ca. 300 Künstler aus ganz Italien präsentieren ihre Werke am Naviglio Grande (www.navigliogrande.mi.it).

Festa dei Navigli
Erster So im Juni, Folklorefest mit Marktständen, Theater- und Musikveranstaltungen an den Kanälen.

Festival Latino Americano
Juli/Aug., südamerikanische Musik und kulinarische Spezialitäten im Forum d'Assago (www.latinoamericando.it).

MODIT – Milanovendemoda
Ende Sept./Anfang Okt., Präsentationen der Frühjahrs- und Herbstmode in der Messe (www.milanovendemoda.it).

Gran Premio di Monza
Anfang Sept., Formel-1-Rennen in Monza (www.monzanet.it).

La Scala
7. Dez., Feierliche Eröffnung der Ballett- und Opernsaison in der Mailänder Oper.

Sant'Ambrogio
7. Dez., Fest zu Ehren des Stadtpatrons mit buntem Straßenmarkt *Oh bej, Oh bej!* (Oh, wie schön!) in den Straßen rings um die Kirche Sant'Ambrogio.

WICHTIGE HINWEISE

Geld
Landeswährung: Euro (€)
Bank- und Kreditkarten: Mit der Maestro-Card oder gängigen Kreditkarten kann man an Geldautomaten Bargeld abheben und in vielen Hotels, Restaurants und Geschäften bezahlen.

Notfall
Polizei: Tel. 113
Carabinieri: Tel. 112
Ambulanz: Tel. 118
Feuerwehr: Tel. 115
Generalkonsulat der Bundesrepublik Deutschland:
Via Solferino 40, Tel. +39 / 026 23 11 01

Öffnungszeiten

Banken: Mo–Fr 8.30–13.30 Uhr, eine Stunde am Nachmittag zwischen 14.30 und 16.30 Uhr.
Geschäfte: Di–Sa 9/10–12.30, 15–19.30 Uhr. Einige Kaufhäuser und Geschäfte im Zentrum haben durchgehend und an Sonntagen geöffnet. Montags öffnen kleinere Lebensmittelläden nur vormittags, viele Geschäfte erst am Nachmittag.
Museen: In der Regel Di–So 9.30–17.30 Uhr. Kleinere Einrichtungen sind oftmals nachmittags geschlossen.
Restaurants: Mittagessen ca. 12.30–14.30 Uhr, Abendessen ca. 19.30–22 Uhr. Ruhetag meist So, Betriebsferien vielfach im Aug.

Preisniveau

Die Übernachtung im einfachen Hotel kostet für zwei Personen im Doppelzimmer (inkl. Frühstück) ab 80 €. Für ein mehrgängiges Menü zahlt man in einer Trattoria etwa 25–35 €/Pers. Die Preise für einen Milchkaffee, einen Softdrink oder ein Bier liegen bei ca. 2,80 € an der Theke bzw. bei 4,50–6 € auf der Terrasse.

Rauchen

In allen öffentlichen Räumen, also auch auf Flughäfen und Bahnhöfen, in Bus und Bahn, in Restaurants und Bars, ist Rauchen verboten. Größere Gastronomiebetriebe bieten abgetrennte Raucherbereiche an.

Reisezeit

Die beste Reisezeit ist im Frühjahr oder Herbst. Während der großen internationalen Modemessen ist die Stadt allerdings komplett ausgebucht. Im Winter fallen die Temperaturen zwar selten unter den Gefrierpunkt, es herrscht jedoch vielfach Nebel mit entsprechend hoher Luftfeuchtigkeit. Die Sommer sind sehr heiß und schwül mit Durchschnittstemperaturen um die 30 °C. Während der italienischen Hauptferienzeit im August ist es in der Stadt ruhig, aber viele Geschäfte, Restaurants etc. machen ebenfalls Urlaub.

Sicherheit

Die Kriminalitätsrate in Mailand unterscheidet sich nicht von der in anderen europäischen Großstädten. Es gelten die üblichen Vorsichtsmaßnahmen. Vor Taschendieben sollte man in vollen Bussen und U-Bahnen, im Kaufhausgedränge und rund um die viel besuchten Sehenswürdigkeiten auf der Hut sein.

Telefonieren

Vorwahl Mailand: In Italien ist die Vorwahl Teil der Teilnehmernummer und wird auch innerorts immer mitgewählt.
Deutschland – Mailand:
+39 + Teilnehmernummer (inkl. der ersten Null)
Mailand – Deutschland:
+49 + Ortsvorwahl ohne 0 + Teilnehmernummer
Telefonauskunft: Tel. 412
Öffentliche Telefonzellen funktionieren mit Telefonkarten (*scheda telefonica*), die es in Tabakläden (*tabacchi*), Kiosken und manchen Bars zu kaufen gibt. Vor der Nutzung die perforierte Ecke abreißen.

Trinkgeld

Preise verstehen sich in der Regel inklusive Service (*servizio*). Wer mit der Bedienung zufrieden war, gibt im Restaurant, Hotel oder Taxi zusätzlich ein Trinkgeld. Im Restaurant muss man fast immer für Brot und Gedeck (*pane e coperto*) extra zahlen, ca. 1,50–3 €/Pers.

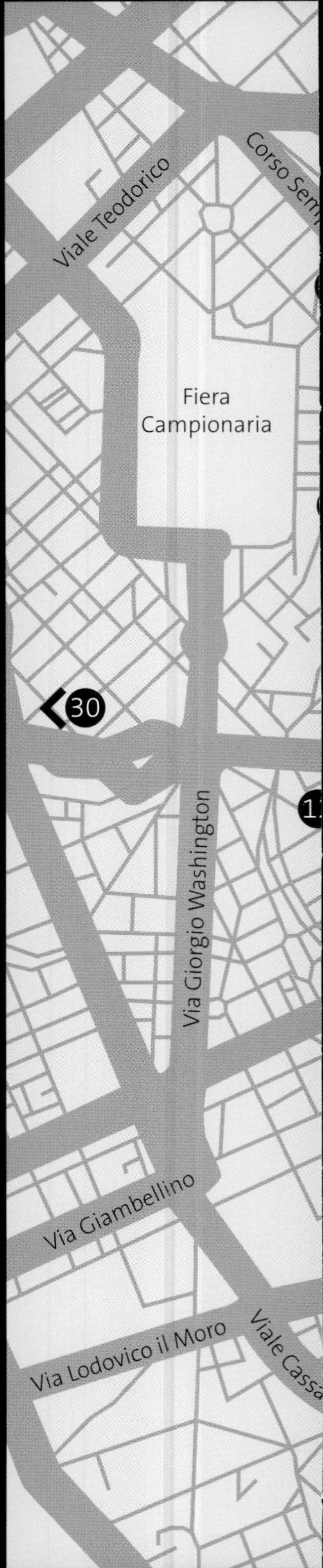

Viale Teodorico
Fiera
Campionaria
30
Via Giorgio Washington
Via Giambellino
Via Lodovico il Moro

Bullona
Via Valtellina
Stazione Centrale F.S.
Piazzale Loreto
Viale Monza
Porta Volta
Porta Nuova
Viale Abruzzi
Porta Sempione
Porta Tenaglia
Mirabello
Giardini Pubblici Indro Montanelli
Parco Sempione
Corso Venezia
Viale dei Mille
Piazza Castello
Via Dante
Porta Monforte
Porta Vittoria
Corso Vittorio Emanuele
Via Torino
Via Francesco Sforza
Parco Largo Marinai d'Italia
Viale Papiniano
Porta Genova
Porta Ticinese
Porta Romana
Porta Lodovica
Porta Vigentina
Corso Lodi
Viale Toscana
Viale Liguria
Viale Tibaldi
km
0,5
1
11
26
53
29
55
1
39
50
22
23
4
43
19
10
13
41
8
33
17
49
31
16
7
2
35
3
52
21
40
28
45
5
38
36
18
20
51
14
37
48
32
25
44
54
24
6
47
42
34
9
27

City Highlights

AMSTERDAM
ISBN 978-3-8327-9184-1

BARCELONA
ISBN 978-3-8327-9178-0

BERLIN
ISBN 978-3-8327-9179-7

HAMBURG
ISBN 978-3-8327-9181-0

LONDON
ISBN 978-3-8327-9190-2

MAILAND
ISBN 978-3-8327-9186-5

MÜNCHEN
ISBN 978-3-8327-9180-3

NEW YORK
ISBN 978-3-8327-9185-8

PARIS
ISBN 978-3-8327-9183-4

ROM
ISBN 978-3-8327-9188-9

VENEDIG
ISBN 978-3-8327-9187-2

WIEN
ISBN 978-3-8327-9189-6

Einzelbände
Format: 19 x 24 cm
160 Seiten
Hardcover
ca. 300 Farbfotografien
Texte in Deutsch

Gesamtedition
ISBN 978-3-8327-9191-9

WELT EDITION

teNeues